FRUSTRAÇÃO NO ESCOLAR: E AGORA?

COMISSÃO EDITORIAL DA OBRA

Carla Anauate
Psicóloga - Universidade Paulista, mestre em Psicologia Escolar e do Desenvolvimento Humano - USP e doutora em Psicologia Clínica pela PUCSP com doutorado sanduíche feito na Emory University em Atlanta, EUA. Especialista em reabilitação Neuropsicológica pelo Moscow Research Center of Developmental Neuropsychology. Atua como psicóloga e neuropsicóloga e é diretora do CINAPSI - Centro Integrado de Neuropsicologia e Psicologia.

Maria Julia Kovács
Psicóloga - PUC-SP, mestre em Psicologia Escolar e do Desenvolvimento Humano - USP e doutora em Psicologia Escolar e do Desenvolvimento Humano - USP. Professora livre docente sênior do Instituto de Psicologia da USP. Membro fundador do Laboratório de Estudos sobre a Morte.

Nely Aparecida Guernelli Nucci
Psicóloga PUC-CAMPINAS, mestre em Psicologia PUC-CAMPINAS e doutora em Psicologia - USP. Docente da Pontifícia Universidade Católica de Campinas e da Universidade Paulista. Tutora e Docente da Residência Multiprofissional da Pontifícia Universidade Católica de Campinas.

Coleção
Aos Mestres
com Carinho

FRUSTRAÇÃO NO ESCOLAR: E AGORA?

ORGANIZADORAS
ADRIANA FÓZ
KARINA OKAJIMA FUKUMITSU

Artesã

Frustração no escolar: E agora?

DIRETOR
Alcebino Santana

DIREÇÃO DE ARTE
Tiago Rabello

COORDENAÇÃO EDITORIAL
Michelle Guimarães El Aouar

REVISÃO
Palloma Tayna Landim Gontijo

CAPA
Michelle Guimarães El Aouar

DIAGRAMAÇÃO
Conrado Esteves

F945

Frustração no escolar : e agora? / organizadoras : Adriana Fóz , Karina Okajima Fukumitsu. – Belo Horizonte : Artesã, 2023.

136 p. ; 23 cm. – (Aos mestres com carinho / organizadora: Ângela Mathylde Soares)

ISBN: 978-85-7074-077-9

1. Psicologia. 2. Frustração. 3. Aceitação social. 4. Aprender. 5. Educação. I. Fóz, Adriana, 1967-. II. Fukumitsu, Karina Okajima. III. Soares, Ângela Mathylde.

CDU 159.9:34

Catalogação: Aline M. Sima CRB-6/2645

IMPRESSO NO BRASIL
Printed in Brazil

(31)2511-2040 (31)99403-2227
www.artesaeditora.com.br
Rua Rio Pomba 455, Carlos Prates - Cep: 30720-290 | Belo Horizonte - MG
/artesaeditora

Dedicamos este livro à Thais Vilela (in memoriam),
amiga e profissional cuja presença foi uma grande fonte
de inspiração em nossas vidas. Com muita gratidão.

Adriana Fóz e Karen Morais

Também dedicamos à Nancy Rabello, cara colega autora
deste livro que partiu recentemente, no ano de 2022.

Adriana Fóz, Karina Okajima Fukumitsu e todas as autoras

APRESENTAÇÃO DA COLEÇÃO

Profa. Dra. Ângela Mathylde Soares

A Coleção AOS MESTRES COM CARINHO é um diálogo com conteúdo sobre o dia a dia do chão de sala de aula com a intenção e objetivo de responder indagações e inquietações das perguntas sem respostas. O famoso "*e agora*?".

Esta coleção tem o desejo de trazer a valorização dos profissionais de educação.

Precisamos entender que essa ação de valorizar não está ligada apenas a remuneração, mas sim a dar condições para que os envolvidos no processo do educar e do aprender tragam bagagem pedagógica que acompanhe as novas tecnologias e as novas aprendizagens.

E não podemos nos esquecer das novas parcerias feitas com a educação, como a psicopedagogia, a saúde, a ciência, o direito e várias outras áreas presentes na educação do século XXI.

A Informação hoje é rápida, dinâmica e imediata, e com isso, com esta nova geração de estudantes, é necessário um professor que caminhe nesse mesmo território. Assim, há necessidade de capacitar e renovar para acompanhar as tão desejadas mudanças.

Precisamos alinhar as ações incluindo a capacitação dos docentes, as parcerias das famílias e o casamento com a ciência, trazendo respaldo a esta formação, com intuito, intenção E GARANTIA de melhora constante do ensino.

Esta coleção será um encontro carinhoso, respeitoso e eficaz sobre o tema que trabalhará a qualificação e a motivação dos nossos mestres e os envolvidos nesta gestão.

Uma equipe qualificada e preparada para as demandas de sala de aula é de suma importância, aliás, fundamental para que este objetivo seja cumprido.

Entendemos que esta coleção é um investimento importante que trará um conforto para professores, alunos, gestores e profissionais da educação, que possibilitará uma melhoria nas questões, individualidade e empoderamento do aluno – o que se fará por volumes e temáticas pontuais, possibilitando, assim, para o profissional da educação, ter informação ampla e bem assertiva sobre cada assunto proposto.

É importantíssimo ressaltar os benefícios que esta coleção trará aos cursos universitários, favorecendo a reflexão de que, no processo, precisam receber com a teoria, a prática e o envolvimento por meio de uma metodologia que traga excelência e respeite as competências e habilidades de nossos alunos.

A prática em sala de aula tem que nortear o aluno e o professor em atividades que estimulem a criatividade e a pesquisa baseada em evidências, por meio de um marco teórico fundamentado.

Pensando nessa discrepância entre o que se aprendeu na faculdade e a realidade de uma sala de aula, nasce a coleção AOS MESTRES COM CARINHO, para auxiliar responder os agoras dos profissionais da educação. Nasce uma coleção que se importa com a educação de qualidade e com evidência.

E não podemos nos esquecer do professor e de todos os envolvidos neste processo de receber o melhor de nós.

Com muito carinho, como professora, dedico esta coleção aos profissionais da educação, com o coração cientificado e motivado. Espero que esta experiência seja proveitosa. Curta os volumes e responda às perguntas que não querem calar!

O meu MUITO OBRIGADA!

PREFÁCIO
O PICO DA MONTANHA

Existem várias maneiras de escalar os picos mais altos do mundo, os mais temidos, desafiadores e, também por isso, os mais admirados. As montanhas mães de todas as outras, aquelas que varrem o céu do planeta. No altar dos picos, a Cordilheira do Himalaia, ao norte do planalto tibetano, berço do Monte Everest, o maior de todos, que em sânscrito quer dizer "morada da neve". O apogeu para alguns mestres da escalada que chegam ao cume com mais de 8 mil metros de altitude e a morada para milhares que se perdem pelo caminho.

Embora atraia centenas de aventureiros todos os anos, chegar ao pico e atingir a grande meta, fincar a bandeira no solo coberto de gelo, é para poucos. Além do sopro da sorte, conseguem apenas os mais preparados, bem equipados e, em especial, aqueles que são alpinistas experientes ou que adquiriram parte de sua técnica e filosofia. Os mestres nesse esporte, quase uma arte em avançar. Não só experientes na teoria, mas calejados pela montanha. Aqueles que aprenderam a lidar com o imprevisto, com a frustração de estar a poucos metros do pico e precisar bater em retirada por um mal súbito, porque chegaram à exaustão, ou porque quase perderam a vida em avalanches agressivas e inesperadas que rugem na altitude solitária. Aqueles que aprenderam na pele, como uma tatuagem intransferível, um atalho doloroso na alma.

O que o alpinismo tem a ver com esse livro que diz, com respaldo da ciência e de grandes profissionais, sobre os desafios e os caminhos da educação e da frustração nos tempos atuais? Os percursos escolhidos por nossos jovens rumo a desafiadora escalada do aprendizado num mundo híbrido, digital, de relações on-line e à distância? Uma montanha que desafia e maltrata muito mais nossas habilidades ou fragilidades emocionais do que nosso corpo.

Para entender melhor essa relação, essa comparação, vamos acrescentar à nossa escalada, os dados da última pesquisa feita pelo Unicef em 2021, que ouviu mais de 21 mil jovens pelo mundo. No Brasil, as entrevistas aconteceram entre fevereiro e março do mesmo ano, um dos piores momentos da pandemia. Um levantamento que revela dados e informações importantes, que devem nos guiar nessa grande romaria rumo ao aprendizado.

"Como é ser criança e adolescente no mundo de hoje"? De um modo geral, no mundo inteiro, os adolescentes e jovens estão mais otimistas com relação ao futuro do que os pais. Inclusive no Brasil. Só que aqui, o índice de otimismo é baixo. Um dos menores do planeta, ficando à frente apenas de Mali, um país da África Ocidental. Apenas 31% dos jovens brasileiros acreditam que o mundo está melhorando.

Quando o tema é saúde mental e emocional, os números caminham para o topo de um problema de saúde pública. 48% dos nossos meninos e meninas se sentem frequentemente nervosos, ansiosos ou preocupados e 20% relatam, às vezes, sentirem-se deprimidos e com pouca vontade de realizar tarefas básicas do cotidiano. Em outras palavras, quase 70% andam de braços dados com a insegurança psicológica por alguns momentos. O alento, a previsão de bons ventos é a percepção dos jovens brasileiros com relação à educação, que é apontada por eles como o principal agente de transformação social (59%).

Para reforçar essa confiança e combater a desesperança, teremos nessa jornada, além de um livro cheio de dicas e alternativas pedagógicas, o apoio de duas grandes especialistas no front da educação. Experientes, talhadas em muito estudo, com vivência clínica e importantes títulos nas áreas da psicologia, da pedagogia e da neurociência. Mais que isso, para colaborar com a prática e a reflexão de educadores, teremos o suporte de duas sobreviventes que viveram na pele a fúria do mau tempo, o poder devastador das avalanches existenciais, a inclemência do destino que se impõe sobre qualquer ciência, fase da vida e conhecimento.

Se a frustração é um sentimento que surge como resposta "às ameaças e desafios" que desmoronam tantas vezes sobre o nosso trajeto, um atalho indigesto e indispensável para o aprendizado, como sugerem as autoras, não poderia haver condutoras e curadoras mais adequadas; a educadora Adriana Fóz, especialista em psicopedagogia e neuropsicologia, e Karina Okajima Fukumitsu, psicóloga, pós-doutora em Psicologia, psicopedagoga e uma das maiores referências na área de prevenção e posvenção dos processos autodestrutivos no país. Aos mestres com carinho, mestres no que chamamos de reconfiguração cerebral, autorregulação ou, simplesmente, neuroplasticidade.

No auge da carreira, em momentos importantes da vida, as duas educadoras tiveram a rotina completamente impactada. Elas viram o principal legado, a memória de todo tipo de aprendizado, inclusive a fala e a escrita, desaparecerem do caderno do passado. Adriana foi vítima de um grave AVC hemorrágico e teve a mobilidade comprometida. Detalhes importantes da vida sumiram das páginas da própria história. Um tsunami, uma avalanche, um vazio. Ao amanhecer, faltavam peças importantes de um grande quebra-cabeças, peças indispensáveis para mover as engrenagens da vida. É quando o topo desaparece atrás de um nevoeiro denso.

Ao longo de toda infância e juventude, Karina acompanhou de perto a desesperança da mãe em continuar viva, movida por forte sofrimento psíquico. Foram várias tentativas de suicídio. Incompreendidas até mesmo por especialistas da saúde, aqueles que mais deveriam acolher. O aborto espontâneo do primeiro filho da educadora foi decisivo para que Dona Yooko virasse uma página e se tornasse a principal aliada da filha na prevenção da mais incompreendida das mortes: o suicídio. Outra avalanche explodiria no caminho de Karina, durante o pós-doutorado. Uma inflamação cerebral rara, que também comprometeria os movimentos, tiraria da mente a sequência alfabética e numérica, e sequestraria o saber tão exaustivamente conquistado.

Adriana se debruçou sobre livros científicos de plantas para relembrar os nomes das coisas todas. Fez aulas de palhaçaria para redescobrir o riso que desapareceu do rosto e da alma. Fez aulas de samba para resgatar os movimentos e exercitar a resiliência e cunhou o conceito da plasticidade emocional para a superação dos desafios da mente humana. Ela reconecta seus alunos, pacientes e leitores às suas próprias emoções.

Karina investiu em várias formas de reabilitação e em especial se apoiou na necessidade de acolher a dor do outro para se reerguer, tornando-se conhecida no país como a educadora dos pés descalços. O que poderia soar como excentricidade era, na verdade, o cumprimento de uma promessa por continuar viva e com todas as capacidades em funcionamento. Sua frase mais difundida virou um lema de combate ao sofrimento existencial: "Se tem vida, tem jeito". Serviu de alento e acolhimento para milhares de pessoas.

Nas mochilas dessas alpinistas, mosquetões e pinos e freios surrados no exercício da perplexidade, do cansaço, da frustração. Também segredos, agora compartilhados, de cérebros que não se renderam a exaustão e percorreram novos caminhos para reaprender o que já souberam um dia e não se lembravam mais.

Este livro não é um guia apenas para educadores, mas para todos aqueles que querem desenvolver as habilidades socioemocionais e avançar mais e mais na escalada do reaprender, da gestão de emoções. Um mapa do tesouro que nos leva ao topo das nossas próprias capacidades. Aviso na subida: não é para aventureiros. É para quem quer ver o mundo de outra perspectiva, do ponto mais alto da montanha. É para quem quer fincar, no topo de si, a bandeira do conhecimento.

Cleisla Garcia

APRESENTAÇÃO

Apresentamos este livro, *Frustração no escolar: E agora?*, o qual faz parte da coleção *Aos Mestres Com Carinho*, na intenção de colaborar com as práticas e reflexões de educadores e educadoras.

Se o desejo de escrever um bom livro sobre o assunto da frustração no escolar, era uma expectativa, de fato não fora frustrada. Organizar esta obra foi um verdadeiro privilégio, não apenas por se tratar de um tema tão caro a educação de crianças, mas também por termos sido convidadas por uma profissional de generosidade e empatia, ímpares. Apesar do preconceito e desinformação que muitas vezes acompanha o tema, podemos compreender que frustração vai na contramão da gratidão. E é essa sensação de agradecimento que nós, as organizadoras, nutrimos com relação à Dra. Ângela Mathylde Soares, que proporcionou a oportunidade de compilar valiosíssimas contribuições de diversas pessoas e profissionais da educação que lidam diariamente com situações "frustrantes" e que souberam, cada uma a seu modo, trazer suas contribuições.

A educação do século XXI traz muitas novidades que perpassam as tecnologias digitais, o ensino híbrido e a aprendizagem socioemocional. O mundo, o conhecimento, o cérebro, as pessoas mudaram. O que não mudou foi o fato de precisarmos lidar com comportamentos difíceis ou desafiadores, emoções negativas ou não agradáveis e, assim, a frustração surge como sentimento que é resposta para qualquer situação de ameaça e restrição existencial. Nesse sentido, desmistificar o tema é preciso, assim como promover olhares humanizados, estratégias cuidadosas e efetivas para lidar com as inerentes emoções do aprendiz. Frustrar-se é um caminho para o aprendizado e para a aquisição de conhecimento. Da mesma maneira, o fato de ter a sensação de que não conseguimos aprender provoca frustração.

O cérebro é tão sábio que criou o mecanismo da frustração para favorecer a busca de ajustamentos criativos que revelam o esforço, a força de vontade, a perseverança e a resiliência. Todos vivenciamos, em maior ou menor medida tais sentimentos, para os quais se fazem importantes o enfrentamento e apreciação das inevitáveis frustrações que implicam em processos de aprendizagem e fortalecimento. Muitas vezes, enfrentaremos alunos mais resistentes, ou menos tolerantes ou ainda, que se sentem incapazes. Para ajudá-los, podemos promover lições de compaixão, cultivar o bem-estar, aprender a se autorregular, sobretudo com ética e aceitação.

Mais que um livro conceitual sobre frustração, nós, as organizadoras, temos o intuito de ofertar por meio desta obra, possibilidades que objetivam a ampliação da compreensão sobre frustração, bem como, apresentar reflexões sobre ensino-aprendizagem de estratégias que auxiliem educadores a lidar com as dificuldades inerentes aos entraves que a frustração acarreta nos seres humanos.

Com carinho, desejamos que este livro seja um caminho.

Adriana Fóz e Karina Okajima Fukumitsu
Organizadoras

SEM APRENDIZADO, SABERES FRUSTRADOS!

Denise Mineiro
Nancy Rabello (in memoriam)

Na vida ou no ambiente escolar, ninguém produz nada como mero espectador passivo. Viver é interferir no mundo a sua volta e isso deve ser feito de maneira inteligente. O aprender é um incitamento, uma aventura pessoal e intransferível.

Sabe-se que o cérebro é um órgão de enorme plasticidade e somente depende de ser adequadamente "estimulado" para oferecer incríveis benefícios a quem o utiliza. O ideal é que desde a infância haja estimulação satisfatória da aprendizagem, capacitando as crianças a desenvolverem seu próprio potencial, de modo que possam aproveitar os conceitos que recebem e as experiências que vivenciam. O saber pensar e gerenciar emoções, acreditar na solução dos problemas, ter um raciocínio claro para discernir entre opções conflitantes é o grande desafio.

A aprendizagem, numa visão cognitiva, é um processo caracterizado pela aquisição de conceitos ou habilidades pelo uso de experiência (Honderich,1995). Em outras palavras, toda a interpretação das informações armazenadas pelo cérebro é de competência **cognitiva**. Esse **processo** é o que nos permite entender as situações e nos posicionar em relação a elas de alguma forma; sem ele, seríamos incapazes de assimilar, interpretar e imaginar coisas (Janczura, 2017). É isso que resulta na mudança de um comportamento através do saber, que exige como pré-requisito a aquisição de conhecimentos e a capacidade de armazená-los. Ele leva em conta a codificação e a recuperação das informações. Não restam dúvidas de que o processo da aprendizagem ocorre no Sistema Nervoso Central (SNC), uma estrutura complexa.

Ainda no sistema embrionário, inicia-se uma cadeia de processos que levam à diferenciação e especialização das células.

Segundo Leif (como citado em Relvas, 2012), a aprendizagem é uma atividade intelectual que envolve a experiência e a prática. Conforme Relvas (2012), a psicologia refere-se à aprendizagem da seguinte forma: modificações neurais através dos cinco sentidos, que provocam, assim, a formação de redes neurais.

A partir de certo estágio de desenvolvimento, o fator ambiental aumenta sua importância na maturação do Sistema Nervoso Central, que é fundamental tanto para a percepção do mundo que nos cerca quanto para o funcionamento do corpo e realização de atividades, como locomoção, raciocínio e memória. A experiência e o aprendizado desempenham um papel fundamental para a integração das regiões celulares e podem promover alterações estruturais celulares. Alimentar as células com informações e atividades eleva a capacidade de fazer conexões entre as células nervosas, aumentando a agilidade mental e, portanto, a capacidade de aprender.

O processo de aprender, segundo Luiza Elena Ribeiro do Vale pode ocorrer de três modos:

Informal: é quando se aprende simplesmente vivendo, brincando, experimentando do nosso jeito, ou com o que estiver ao nosso alcance naturalmente. É o aprender que se baseia no trabalho com habilidades e competências.

Formal: é quando se aprende utilizando experiências sistematizadas. A aprendizagem ocorre a partir de um projeto pedagógico padronizado, dirigido pelo professor, que dosa conteúdos, e por meio de avaliações. É um aprender objetivo, que também pode ser obtido através dos livros.

Tutorial: são sistemas que possuem uma rica representação do seu domínio, permitindo utilizar os seus conhecimentos de maneira não diretamente explicitada pelo projetista. Esse sistema é um tipo de software que utiliza métodos de Inteligência Artificial (IA) para representar o conhecimento e introduzir a interação com os aprendizes de forma a parecer um procedimento personalizado.

Para cada uma dessas formas sobre o processo de aprender, é necessário desenvolver algumas competências e habilidades: perseverança, empatia, intuição, resiliência, autocuidado, gentileza, generosidade, paciência, otimismo, fé, criatividade, coragem, perdão e gratidão.

O processo de aprendizagem é acompanhado por sentimentos, e envolve o domínio de conhecimentos na forma de fatos, pensamentos e figuras. A emoção ativa a atenção (componente primário mais vital de qualquer ato de aprendizagem ou processamento da informação) que, em seguida, desencadeia a memória de curto e longo prazo que, eventualmente, torna o processo de aprendizagem possível. Logo, para obtermos aprendizagem é preciso que ocorra excitação emocional e, nesse sentido, também podemos afirmar que os conhecimentos são construídos por meio da ação e da interação entre habilidades e competências.

De maneira geral, na escolaridade básica, as instituições ensinam a ler, a escrever, a contar e também a raciocinar, explicar, resumir, observar, comparar, desenhar e dúzias de outras capacidades gerais nem sempre dão a devida importância. *Mas a escola, por vezes, apesar de estimular habilidades socioemocionais, ainda esquece da necessidade que o indivíduo tem de ligar esses recursos a situações da vida.*

Como mencionado anteriormente, sabemos que a maioria das escolas enfatizam o processo formal (conteúdo), visando desde cedo o vestibular e priorizando o acúmulo de saberes que, por um lado, pode ser muito estimulante para os alunos. Todavia, adotar esse processo nem sempre permite que os alunos aprendam de acordo com seus talentos e habilidades individuais, podendo gerar ansiedade e frustração.

Gardner, ao elaborar *A teoria das inteligências múltiplas*, na década de 1990, identificou as inteligências linguística, lógico-matemática, espacial, musical, cinestésica, interpessoal e intrapessoal. Essas são diferentes linguagens que temos para interferir no mundo (Armstrong, 2001, pp. 14-15). Ele afirma que todos os indivíduos, em princípio, têm a habilidade de questionar e procurar respostas usando todas as inteligências. Todos os indivíduos possuem, como parte de sua bagagem genética, certas habilidades básicas em todas as inteligências.

Para ele, essas competências intelectuais são relativamente independentes, têm sua origem e limites genéticos próprios e substratos neuroanatômicos específicos, dispondo-se de processos cognitivos próprios. Cada uma dessas habilidades pode e deve ser desenvolvida no âmbito escolar ou extraescolar.

Gardner comenta que todo tema pode ser estudado de seis ou sete maneiras, as quais poderemos definir como diferentes linguagens. Tomando como exemplo, temos as histórias, os numerais, os trabalhos de arte, os projetos de grupo, as experiências práticas e outros recursos.

Dessa forma, estaremos favorecendo as diversidades das crianças na sala de aula.

Na esteira dessas discussões, Bernardo Toro (como citado em Sá, n.d.) coloca que, para que os alunos possam ter um bom desempenho escolar, algumas competências precisam ser trabalhadas:

- Domínio da **leitura e escrita**: essencial para o desenvolvimento social de qualquer indivíduo.
- Capacidade de **fazer cálculos**: importante para solucionar problemas.
- Capacidade de **analisar, sintetizar e interpretar dados, fatos e situações**: importante para saber colocar seus pontos de vista diante de todos os setores da vida, estando consciente de suas ações.
- Capacidade de **compreender e atuar**: importante para atuar enquanto cidadão, com postura de um ser pensante.
- Receber criticamente os **diferentes meios de comunicação**: essencial para conhecer e saber usufruir das diferentes fontes através das quais se recebe informações.
- Capacidade de **usar informações acumuladas**: importante para aplicar em seu proveito.
- Capacidade de **planejar, trabalhar e decidir em grupos**: importante para experienciar a vivência grupal, desenvolvendo o aspecto social do saber.

Portanto, ao fazermos referência à vida, observamos um lado mais abrangente, em que o aprender é fundamental para se tornar um cidadão, para "se virar" na vida, para ter um bom trabalho, cuidar da saúde e gerenciar suas emoções.

Vale ressaltar a importância do treino da *Plasticidade Emocional*. Segundo Adriana Fóz[1] (2019) é vital aprender a treinar a plasticidade dispondo dela e se mantendo saudável – um treino consciente de certas competências, as quais podemos otimizar para promover, recuperar ou modificar nosso desempenho. Plasticidade Emocional é um conjunto de competências emocionais que devem ser estimuladas para que

---

1 Especialista em emoções.

possamos melhorar nossa performance e nosso bem-estar, auxiliando de maneira significativa a superar dores, dificuldades e frustrações.

A aprendizagem deve ser prazerosa e para que isso aconteça é valioso que o professor da era contemporânea, conheça o ambiente escolar e social deste indivíduo, bem como o desenvolvimento da maturação para adquirir uma aprendizagem eficiente. Estas também devem ser significativas, e para isso as relações entre o saber e o cotidiano da criança devem ser levadas em conta.

Saber selecionar qual a melhor estratégia, que cada indivíduo precisa para atingir os educandos é o que deve ser levado em conta. Lembrar sempre que um indivíduo desmotivado por certo se sentirá frustrado em relação àquele conteúdo ou situação. Devemos entender a insatisfação como um sentimento que surge quando nos sentimos impotentes ou quando não vemos sentido no que está à nossa frente.

As crianças são o resultado de suas experiências! Junto com a escola, os pais devem acompanhar esta trajetória, evitando terceirizar a educação dos seus filhos.

Outro aspecto relevante a ser considerado é a paciência, pois a falta do exercício dela nos torna, além de menos tolerantes às frustrações, mais ansiosos. Adriana Fóz, educadora especialista em neuropsicologia, a favor da educação no livro sobre frustração comenta que

> O estado de ansiedade pode até nos promover quando nos leva à ação, ao movimento, mas não em excesso, pois quando faz nossos sistemas endócrino e autônomo "pirar", produzindo muito mais cortisol do que no estado natural e desregulando o funcionamento saudável da relação mente-corpo acontece a insatisfação e impaciência. Operando no modo "impaciente", temos mais chances de nos frustrar e, em alguns casos, até de agir com agressividade ao não sermos correspondidos da forma como imaginamos. E, além do mais, podemos acabar culpando os outros. Ansiosos e com pressa, dificilmente sentimos bem-estar ou estado de felicidade, concordam? A falta de paciência, a pressa e o imediatismo não permitem que treinemos o autocontrole tão necessário para desenvolvermos estratégias de manejo das frustrações e, consequentemente, sermos mais fortes. (Fóz, 2019, p. 148)

Resumindo, ser paciente significa saber gerenciar as próprias expectativas. Assim, engana-se quem confunde gente paciente com gente passiva. Ela complementa afirmando que "A paciência é uma competência de extrema importância para lidar com a frustração. Aliás, ser tolerante à frustração está diretamente relacionado à paciência. Quanto mais paciência tivermos, quanto mais soubermos esperar por algo, seremos mais tolerantes às inerentes frustrações da vida".

Segundo Goleman (1996 como citado em Relvas, 2012) a inteligência é emoção, sendo assim, afirma que as crianças que conseguem controlar suas emoções, tem maior possibilidade de ter bom desempenho na sua vida afetiva, aprendem a negociar seus desejos.

Para que se desenvolva bem, precisa de um ambiente afetivamente equilibrado, onde receba amor autêntico e onde lhe permitam satisfazer as necessidades próprias do seu estado infantil.

O desenvolvimento infantil depende da maturação e é valioso respeitarmos o avanço de cada criança, pois, quando ela não está pronta fica mais difícil desempenhar bem as atividades propostas. Sendo assim, quando está madura, pronta, consegue realizar as atividades sem se desgastar. Ao falarmos em desenvolvimento, temos que ter em mente que este é um processo que tem seu início na concepção e envolve as mudanças ocorridas tanto no aspecto físico como emocional, psíquico, motor e social em cada etapa da vida.

A criança se encontra num período de adequação de suas atitudes frente às situações diárias. Sua psique ainda não possui parâmetros para dar consistência à sua personalidade, por isso, ela vive em desequilíbrio contínuo. Isso explica como, muitas vezes, a criança passa do choro ao riso, de uma atividade a outra, com uma grande rapidez, sem motivo aparente. Sendo magnificente a sua vida afetiva, a criança está mais sujeita aos choques emocionais do que os adultos. Desta forma, não dispõe de energias físicas, não possui resistência para suportar o aparecimento dos sentimentos que geram diferentes emoções.

Lembrando que a criança não é um adulto de pequeno porte, ela é imatura, incompleta, e sua fisiologia emocional ainda carece de anos de experimentos até criar seu próprio repertório psicocognitivo. Ela, entretanto, não dispõe de suficiente compreensão para se orientar. Então, o choque se prolonga através de sua hesitação, da desordem física e mental que a emoção produziu. Ela é ansiosa por natureza, faz parte do instinto animal. Desde bem cedo, começa a viver situações frustrantes como a chegada de um irmão, a troca de uma babá, a mudança de residência, a troca de escola, a perda de um ente querido e nestes diferentes momentos caberá aos pais ajudar a entender este sentimento de impotência. Importante observar as manifestações que virão como birras, agressões, tristeza. cabe aos pais acolher.

Outras delas estimuladas a mudança de comportamento agem visando uma recompensa, que será um estímulo para sua ação. Esta atitude de pais e familiares, se malconduzida, pode não ser benéfica, na medida em que a criança só se esforçará visando a recompensa ou o prêmio, o que a tornará insatisfeita e não habilitada a conseguir lidar com as frustrações que a vida lhes apresentar.

Também é vital que os pais deixem que a criança se frustre, até porque a vida nos apresenta sempre uma ou outra situação que nos decepcionará, nem sempre acontecendo o que desejamos, e será melhor para a criança saber lidar com este sentimento.

Durante a infância, devemos aprender que não podemos ter tudo o que queremos, na hora e do jeito que exigimos. Na fase adulta, entendemos que temos menos do que poderíamos querer, e é salutar que sejamos felizes com o que já temos.

Quando isso não acontece, inicia-se a luta entre o ambiente em que vivemos, e as exigências que apresenta, o que fatalmente levará a uma situação de desequilíbrio, possível geradora de comportamentos problemáticos ou até patológicos.

Finalmente, vale lembrar sempre que, as crianças são emocionais por natureza, uma vez que a razão ainda não faz parte do seu lastro mental. Por isso mesmo, uma agressão psicológica terá seu peso multiplicado muitas vezes, de modo negativo, na formação de sua personalidade.

Se a criança for educada de maneira integral, será mais fácil a ela a compreensão do mundo, por meio de seus conhecimentos cognitivos. É importante que os educadores criem um clima de afeto e segurança garantindo o carinho e o agrado físico. Tem que haver confiança, a certeza de que realmente vai acontecer o combinado: cumprir a tarefa, receberá o estímulo positivo, não cumpriu vai sofrer a falta e as consequentes perdas.

Caso não haja consistência e clareza nos combinados, os filhos vão se acostumar a satisfazer seus desejos sem nem mesmo pensar se o que vão fazer é ou não adequado. Se não forem submetidos a estímulos adequados como o descrito, recebendo tudo pronto, no momento que desejam, acabarão tendo um comportamento violento perante qualquer situação que os desagrade. Eles apresentarão baixa tolerância à frustração e baixa autoimagem e autoestima. Além disso, passarão a agredir, usar palavrões e fazer birra, quando contrariados. Como querem obter o que desejam custe o que custar, quando mais velhos, começam a roubar, mentir, transgredir as regras ou inventar histórias. Está na hora de fazer combinados viáveis e orientar os filhos a usarem padrões humanos de comportamento, utilizando a inteligência bem como a plasticidade emocional (Fóz, 2019) para superarem as dificuldades, resolverem os problemas, conhecerem os ditames da ética, respeitarem o próximo e o ambiente que se encontram. Para isso, é preciso conseguir compreender a si mesmo, cocriando o mundo, sendo participativo, responsável e justo, atuando no seu tempo e na sociedade à qual pertence. Para adquirir qualidade de vida, torna-se necessário receber uma educação que parta dos princípios da coerência, da constância e da consequência.

Na idade adulta se desenvolve a metacognição, que é a capacidade de refletir sobre como se aprende melhor. Ou seja, aprendem-se as "manhas" do próprio estilo de aprender.

RAZÃO X EMOÇÃO

Este é um conflito que há muito tempo permeia nossas vidas, relações e decisões. Os seres humanos são uma mistura de percepções, emoções, sentimentos e pensamentos. Todos esses elementos formam uma unidade única que resulta em um modo de ser e agir na vida.

Nossa mente é extremamente poderosa e capaz de dirigir o nosso comportamento, tanto para o bem, quanto para o mal. Através dela realizamos todos os processos de pensamentos racionais e sentimos toda a força das emoções. Dessa forma, podemos dizer que somos razão e emoção. Duas forças diferentes que muitas vezes apontam para o mesmo caminho, mas outras vezes são contrárias e nos obrigam a tomar uma decisão. Temos a opção de seguir "nosso coração" ou fazer uma lista de "prós e contras".

Na verdade, não existe uma linha nítida que separa a razão da emoção. São dimensões que estão sempre atuando em conjunto no ser humano. As emoções dão origem a certos pensamentos, e estes, por sua vez, dão origem às emoções.

Toda emoção é pensada com alguma razão envolvida nesse processo. Quando deixamos a razão de lado, as emoções são confusas e irregulares. Quando raciocinamos, temos uma experiência mais profunda e equilibrada. As nossas emoções nos ajudam a tomar decisões, isso porque ela carrega várias informações, elas juntamente com a razão, conseguem chegar a bom termo em vários momentos.

Relvas (2012), afirma que possuímos alguns "cérebros" que atuam em diferentes áreas do saber é para abordar sobre frustração destacamos: 1) cérebro social, responsável pelas nossas relações sociais, relações com o nosso meio, a nossa cultura e a nossa sociedade; 2) cérebro afetivo emocional, responsável pela manutenção da nossa vida, responde aos nossos conflitos e a nossa emoção frente a determinada situação vivida, trazendo o equilíbrio de nossas emoções.

Normalmente, com nossa mente emocional, somos mais impulsivos, tomamos decisões das quais facilmente nos arrependemos, simplesmente porque "não conseguimos pensar" no momento da emoção.

Temos dificuldade em encontrar as palavras certas e o momento certo para falar, mas também sentimos e nos emocionamos com muito mais facilidade e vivenciamos momentos bons e prazerosos com mais intensidade.

Com a nossa mente racional, conseguimos ponderar mais sobre as situações, mensurar consequências, ganhos e perdas e agir com mais assertividade. Porém, pensar demais pode nos paralisar. Pensamos tanto nas possibilidades, que algumas vezes paralisamos no momento da decisão, na tentativa de evitar falhas.

Outro aspecto importante que carregamos são as crenças. Elas são lentes psíquicas de ver, interpretar e nos relacionarmos. São estruturadas, desde a infância, como verdades e nos dão confiança interna, nem sempre verdadeira, de que estamos certos. Contudo, elas devem estar abertas às ressignificações! Ao agirem sobre a nossa razão, nossos sentimentos e ações e estas intervenções têm o poder de nos fortalecer impedindo de vermos outras possibilidades, ou outros ângulos. Temos crenças de identidade, pessoais, familiares, sociais, culturais que criam a nossa realidade interferindo nas nossas escolhas.

Para cuidar de nossa saúde mental devemos dar atenção aos três tipos de crenças poderosas: 1. crença de quem sou, 2. crença de minha capacidade, 3. crença do meu merecimento.

Quem usa óculos sabe que em algum momento a leitura fica chata, cansativa e desinteressante. A pessoa ao sentir incapacidade de ler, apesar de ser alfabetizada e competente, perde a motivação! Às vezes se sentem tristes, depressivas, perdem o motivo para comer já que o alimento fica meio nublado, sem cor, sem brilho... E tudo isso pode ser resolvido, mudando a lente para uma mais adequada! A lente assim como as crenças, atualizadas mudam as possibilidades e transformam o nosso mundo de forma mágica.

A necessidade constante de evitar erros pode nos tornar "engessados" e previsíveis, deixando de lado a espontaneidade, tão necessária para nossas relações. Tentamos evitar erros, mas precisamos lembrar que estamos sujeitos a eventos não controláveis e que muitas vezes são eles que trazem graça e beleza para nossas vidas.

Um dos pontos mais críticos nas relações entre pais e filhos são os sentimentos gerados pela situação criada na relação, além da falta de diálogo e boa comunicação. Se, no adulto, "o sentir" produz determinadas reações e decisões, na criança essas perturbações assumem caráter muito mais sério. A tomada de decisão pode ser então definida como o processo de decidir sobre algo importante, especialmente em um grupo de pessoas ou em uma organização. Ela envolve a seleção de um curso de ação entre duas ou mais alternativas possíveis, a fim de se chegar a uma solução para um dado problema e utilizando as habilidades e competências que envolvem o processo.

Assim, é fundamental que se compreenda que um dos melhores remédios para tomada de decisão e gerenciar a ansiedade nesse estágio da vida, é ter paciência e diligente atenção para aparar os excessos, antes que eles se fixem em sua personalidade emergente de forma negativa gerando comportamentos inadequados. Aqueles que se dizem "muito racionais" não escapam dessa lógica. Essa recusa em permitir que as emoções façam parte da sua vida demonstra um medo profundo de "perder o controle". Da mesma forma, ações puramente emocionais, são absurdas.

As emoções não são "cavalos selvagens em fuga" nos quais precisamos colocar rédeas. Nós somos seres humanos que contribuem com as suas experiências de vida para dar um significado ao mundo. As emoções não podem ser erradicadas, negadas ou desvalorizadas.

Muito pelo contrário, "ser humano" é ser capaz de sentir. Com base nas emoções se constrói o amor, o sacrifício, os grandes sonhos e as grandes realizações. No entanto, isso não quer dizer que devemos deixá-las "à solta" e agir sem raciocinar.

Deste modo, vale ressaltar que ambos, tanto família quanto escola, devem ajudar o aprendiz com dificuldade, a superar alguns momentos difíceis, como: o da entrada na escola, o do nascimento dos irmãos, o processo da alfabetização, da separação dos pais ou morte dos pais e do início de novas fases de sua vida como da adolescência.

O professor não pode se esquecer de que o aluno é um ser social com cultura, linguagem e valores específicos, os quais ele deve estar sempre atento, inclusive para evitar que seus próprios valores, não o impeçam de auxiliar em seu processo de aprendizagem. Porém, desenvolver esta transferência é muito trabalhoso, devemos mobilizar as capacidades e os conhecimentos para algo que é real. É preciso trabalhá-las e estimulá-las, e isso exige tempo, etapas didáticas e situações apropriadas, até então inexistentes no indivíduo. Desta forma, aprendemos quando nos envolvemos de maneira ativa no processo de produção do conhecimento e quando nos motivamos, assim, aprendemos e mudamos de comportamentos.

A frustração normalmente acontece nas relações e nas metas não atingidas como: se sair mal numa prova, depois de ter estudado muito, ser repreendido por algo que não fez de propósito, ou também quando se tem expectativas muito altas em determinada situação sem atingir o seu propósito, e mesmo quando não atinge o objetivo estipulado, podemos nos frustrar. Outra situação é quando um aluno que acredite que saiba um conteúdo, mas no resultado final tem uma resposta negativa ocorrerá o desapontamento e deverá aprender a lidar com isso, apesar de ser um assunto bastante delicado no momento. Num outro cenário, quando um indivíduo que em tudo quer ser o melhor e quando isso não acontece terá profusas chances de se frustrar e mostrar a sua decepção.

Outro aspecto que é necessário abordar é sobre a pandemia da Covid 19, que nos colocou em uma situação bastante frustrante! Tivemos que nos habituar a novas rotinas, novos horários, ao aprendizado on-line e híbrido, novos fazeres, a psicogeografia dos espaços, a impossibilidade de nos deslocarmos como antes e nem tão pouco estar com nossos amigos e familiares, brincar no pátio do prédio ou mesmo na rua, entre outros. Acreditamos que este momento é muito delicado e nos coloca de frente com a frustração, desejos não realizados, passeios não realizados.

No atual momento surge um outro sentimento que estamos aprendendo a lidar: a resiliência nos oferecendo a chance de aprender a ressignificar, lidar com o que não pode ser mudado, nos adaptando a este momento. Na hipótese de não ser efetivada uma mudança, ocorrem muitos momentos frustrantes podendo gerar depressão, angústia, sofrimentos e até atentado à própria vida. Certamente, muitos jovens vêm tendo contato com este desapontamento e sendo incapazes de lidar com este sentimento tolhendo o convívio social.

Caso haja possibilidade de trazer para os jovens a elaboração do seu pensamento autônomo e crítico, estaremos lhe possibilitando ter juízo de valor favorecendo o poder de decidir o melhor sob seu ponto de vista. Além disso, vão ser capacitados para aprenderem a resolver as diferentes situações conflitantes que encontrarão no seu dia a dia como a impossibilidade de conviver na escola com aulas presenciais e ter a liberdade de frequentar os ambientes que estavam acostumados.

Caberá aos responsáveis e ao processo educacional, dar aos educandos as possibilidades de agir com liberdade para pensar, fazer escolhas, ser criativo e poder imaginar e buscar o que necessitam para sua vida.

CONSIDERAÇÕES FINAIS

Neste capítulo pretendemos despertar a relação existente entre a aprendizagem com os momentos em que ocorre a frustração. Nosso objetivo é fornecer algumas reflexões e esclarecimentos para lidarmos melhor com as decepções e aprender a ser mais resistente, tolerante e otimista. É válido ressaltar a ampliação e o olhar para a aprendizagem nas diversas etapas, bem como a importância do equilíbrio entre a razão e a emoção para minimizar a frustração.

Importante saber que o ensino voltado para o desenvolvimento das competências socioemocionais pode ser mais eficaz na pré-adolescência do que mais cedo, porque nesta fase, ela é responsável pelo controle executivo das emoções e dos pensamentos. Nosso intuito é instigar os temas e estudos atuais, por isso, acreditamos que ela deve ser ampla e abrangente, possibilitando ao indivíduo ser cada vez mais autônomo e trabalhar com diferentes valores sociais, competências e habilidades. Desta maneira, consideramos que por meio do desenvolvimento do seu aspecto cognitivo, poderá compreender e resolver as diferentes situações vividas e trazer um olhar humanizado, aceitando diferenças.

Dessa forma, não temos a pretensão de esgotar os diferentes temas levantados neste artigo, até porque na educação a cada momento surgem novas pesquisas, novas teorias e o tema Frustração, que é um sentimento que nos acomete nas diversas situações do cotidiano estará sempre presente. O nosso convite é que invistam é cuidem das emoções, pensamentos e atos.

Frustrar é inevitável, mas saber lidar com a frustração é uma solução!

REFERÊNCIAS

Fóz, A. (2019). *Frustração: como treinar suas competências emocionais para enfrentar os desafios da vida pessoal e profissional*. Benvirá.

Gardner, H. (1995). *Múltiplas Inteligências: a teoria na prática*. Artmed.

Janczura, G. A. (2017). Processos cognitivos básicos e educação. *Psicologia Argumento*, *24*(46), 39-44. http://doi.org/10.7213/rpa.v24i46.19891

Matias, C. (2020). Frustração. *Saudebemestar.pt*. https://www.saudebemestar.pt/pt/blog/psicologia/frustracao/

Relvas, M. (2011). *Neurociências e Educação*. Artmed.

Relvas, M. (2012). *Neurociência na prática pedagógica*. WAK Editora.

Relvas, M. (2017). *Desvendando o Sistema Nervoso*. Artmed.

Ribeiro do Valle, L. E. L. (2003). *Cérebro e Aprendizagem*. Tecmedd.

Sá, R. (n.d.). Bernardo Toro e as sete competências da escola contemporânea. *InfoEscola*. https://www.infoescola.com/pedagogia/bernardo-toro-e-as-sete-competencias-da-escola-contemporanea/

Santos, V. (n.d.). Sistema Nervoso Central. *Mundo Educação*. https://mundoeducacao.uol.com.br/biologia/sistema-nervoso-central.htm

Souza, P. (2020). Entenda melhor sobre os estímulos das principais emoções humanas. *Voitto*. https://www.voitto.com.br/blog/artigo/ciencia-das-emocoes

Tiba, I. (2005). *Adolescentes: quem ama cuida*. Integrare.

Toro, J. B., & Werneck, N. M. (2007). *Mobilização Social: um modelo de construir a democracia e a participação*. Autêntica.

Vygotsky, L. S. (2008). *Pensamento e Linguagem*. Martins Fontes.

EXISTE ALGUÉM QUE NUNCA EXPERIMENTOU FRUSTRAÇÃO?

Marina Lemos Silveira Freitas

Pense comigo: você conhece alguém que nunca foi frustrado? Existe alguém que, durante toda a sua vida, realizou totalmente todos seus desejos e planos? Seria possível eliminar toda frustração da vida de uma pessoa? E, se a felicidade humana dependesse da ausência de frustração, poderia haver alguém feliz? Podemos dizer que a frustração, como o sofrimento, a culpa e a morte, é inerente ao viver humano?

O que fazer, então, diante do sentimento de frustração? Existem várias respostas possíveis para essa situação, dependendo da atitude que a pessoa toma. Se a frustração domina a pessoa pode gerar: agressão, contra si mesmo ou contra outros; depressão e dependências (substâncias psicoativas e tecnológicas). Porém, se a pessoa se sobrepõe à frustração, certamente haverá uma conquista por superação, o desenvolvimento da resiliência e a descoberta de fortalezas. Qual atitude é mais fácil diante da adversidade? Qual a que traz felicidade? A educação pode ajudar a pessoa a fazer a melhor escolha?!

Até que ponto a educação reforça a baixa tolerância à frustração que encontramos em nossas crianças e adolescentes? Um modelo educacional que se guia pela busca do prazer e da satisfação pessoal, diz que se deve determinar o mínimo possível de exigências aos mais jovens e evitar correções. Evidentemente, não devemos propor demandas excessivas, entretanto, sabemos que em uma sociedade de facilidades, de "controles remotos" e deliveries, muita gente consegue suportar somente poucas exigências e situações de desafio sujeitas à frustração. A maioria das pessoas sofre pela falta de atividades e tarefas significativas; os jovens se encontram carentes de tensões saudáveis, tensões entre o que se é na realidade e o que se pode vir-a-ser pelo desenvolvimento de suas potencialidades.

Frustração e vazio existencial

Viktor Frankl, psiquiatra vienense sobrevivente de quatro campos de concentração nazista, assegurou (Frankl, 2015, p. 89):

> Ser humano significa estar constantemente confrontado com situações, cada uma das quais é, ao mesmo tempo, dádiva e incumbência. Do que ela nos <u>incumbe</u> é cumprir o seu sentido. O que ela ao mesmo tempo nos <u>dá</u> é a possibilidade de nos realizarmos a nós mesmos através desse cumprimento de sentido. Cada situação é um chamado que devemos ouvir e a que devemos obedecer.

A pessoa humana anseia perceber que sua vida vale a pena ser vivida, que existe um sentido a ser realizado e por ele é atraída. Cada situação é um chamado para a realização de algo valioso, que tenha sentido. Frankl (2015, p. 50) chama de vontade de sentido o esforço mais básico da pessoa para encontrar e realizar sentidos e propósitos. A vontade de sentido, a busca do indivíduo por um sentido, seu "esforço pelo melhor cumprimento possível do sentido de sua existência" (Frankl, 1990a, p. 81), é a motivação básica, primária, na pessoa humana, que não pode ser reduzida a outras necessidades nem pode derivar-se delas. Sobre a vontade de sentido, Frankl escreveu em 1955 (2003, p. 283):

> Hoje em dia, esta vontade de sentido do homem se vê frustrada em escala mundial. Um número crescente de pessoas estão obcecadas [sic] por um sentimento de ausência de sentido – "insignificância", sensação de absurdo – que, frequentemente vem acompanhado do sentimento de vazio ou, como eu mesmo costumo dizer, de um "vazio existencial".

Quando falta a busca e a realização do sentido da vida, cuja realização teria feito feliz uma pessoa, essa vontade de sentido é frustrada, ocorre a frustração existencial. A pessoa experimenta um vazio interior, um "buraco no peito", um sentimento de falta de sentido em sua vida, que Frankl chamou de vazio existencial, fenômeno muito difundido desde o final do século passado e que atinge principalmente jovens de todas as regiões do mundo. Manifesta-se principalmente por um estado de tédio e apatia, mas pode haver depressão, agressão e dependências. Escreve Frankl em 1969 (2011, p. 107): "As principais manifestações da frustração existencial – tédio e apatia – têm se tornado um desafio, tanto para a educação como para a psicologia".

Também aparece uma busca de prazer, de poder e de dinheiro exageradas e prejudiciais. A pessoa procura conseguir o sentimento de felicidade mediante um desvio, que pode passar pelo abuso de substâncias químicas entorpecentes, que agrava a violência, a agressão à sua própria vida (depressão e suicídio) e à vida dos demais, o que tem aumentado vertiginosamente em nossos dias.

AGUÇAR A CONSCIÊNCIA

Como prevenir a frustração existencial? Como ouvir o chamado de sentido que a vida nos faz a cada momento, no aqui e agora? O que a educação pode fazer? Frankl diz: "Vivemos na era da sensação de falta de sentido. Nesta nossa época, a educação deve procurar não só transmitir conhecimento, mas também aguçar a consciência" (Frankl, 2015, p. 87), que é "a capacidade humana de encontrar sentidos únicos" (Frankl, 2011, p. 84), a "bússola" pessoal e interior que, diante de várias possibilidades, aponta para a que merece ser realizada, a que é a melhor escolha, a que tem sentido. A educação deve refinar a consciência, "a fim de que a pessoa adquira acuidade suficiente para perceber em cada situação concreta o desafio da exigência nela presente" (Frankl, 2018, p.21). E continua: "A educação de hoje não pode reduzir-se à reprodução, unicamente, do percurso das tradições; deve, sim, encorajar e desenvolver a capacidade individual da tomada de decisões autênticas e independentes" (Frankl, 2011, p. 84).

Se o educando não tiver uma consciência bem desperta e desenvolvida, poderá facilmente tomar decisões inautênticas, condicionadas pela pressão das mídias sociais, pelas dificuldades emocionais, pelas limitações físicas. Em uma sociedade líquida, de consumo, segundo o conceito de Bauman (2008, 2009), onde os valores se dissolvem, mais do que nunca necessitamos da orientação da consciência pessoal, precisamos, portanto, educar para escutar a voz da consciência. Assim, poderemos ter decisões autênticas, com liberdade e responsabilidade.

Há aproximadamente 50 anos atrás, Frankl (2015, p. 88) já alertava para o perigo da "enxurrada de estímulos trazida pelos meios de comunicação de massa":

> Mais do que nunca a educação é educação para a responsabilidade. Vivemos numa sociedade da superabundância; esta superabundância não é somente de bens materiais, mas também de informações. Cada vez mais livros e revistas se empilham sobre as nossas escrivaninhas.

> Vivemos numa enxurrada de estímulos sensoriais, não somente sexuais. Se o ser humano quiser subsistir ante essa enxurrada de estímulos trazida pelos meios de comunicação de massa, ele precisa saber o que é e o que não é importante, o que é e o que não é essencial, em uma palavra: o que tem sentido e o que não tem.

O QUE É O SENTIDO?

Frankl afirma que há um sentido potencial para a vida em quaisquer circunstâncias, e que a pessoa humana tem a liberdade de realizá-lo ou não. Constatou, sendo posteriormente corroborado por vários estudiosos, que (Frankl, 2018, p. 37): "quem conhece o sentido para a sua vida encontra, na consciência desse fato, mais do que em outra fonte, ajuda para a superação das dificuldades externas e dos desconfortos internos". Uma dificuldade externa atual é a pandemia pela Covid-19, e os desconfortos internos dela resultante são vários: medo, ansiedade, angústia etc. Reforça: "possui condições para superar todas as dificuldades somente aquele que conhece o sentido de sua vida" (Frankl, 2018, p.77). Daí, a necessidade e a importância, sob o aspecto educativo e preventivo, além do terapêutico, da ajuda a ser dada ao homem e à mulher, à criança e ao adolescente deste mundo em crise, para encontrar e realizar o sentido de sua existência. Para isso, é necessária uma nova visão de homem, uma antropologia que supere o reducionismo vigente, calcado no determinismo, quer seja biológico, psicológico ou sociológico.

Não podemos fabricar nem inventar sentido, mas somente descobri-lo. O sentido não pode ser dado, nem pelo psicoterapeuta ao seu paciente, nem pelo educador ao seu aluno, nem pelo administrador ao seu colaborador, nem pelo pai ao seu filho, pois isso seria moralismo. Não pode ser criado, aliás, o que podemos criar é a falta de sentido, o absurdo! O sentido pode e "deve ser encontrado e não produzido, [pois] aquilo que é produzido ou é sentido subjetivo, mera sensação de sentido, ou é antissentido (contrassenso)" (Frankl, 2018, p. 20). E completa: "não se trata, portanto, de injetar sentido nas coisas, mas sim de extrair o sentido delas, de captar o sentido de cada uma das situações com que nos defrontamos" (Frankl, 2016, p. 34), apreendê-lo, percebê-lo e efetivá-lo, ou seja, destruí-lo.

O sentido deve ser encontrado pela própria pessoa, "mas não dentro dela, porque isto iria contra a lei da autotranscendência do existir humano" (Frankl, 2016, p. 33-34). E esse "encontrar o sentido" está em relação estreita com a percepção da realidade. Podemos fazer uma associação com a percepção da figura contra um fundo, no caso da Gestalt, com a percepção de uma possibilidade de sentido a ser realizada em uma situação concreta, única, no caso da Logoterapia. Portanto, o sentido é objetivo, é uma realidade objetiva, não pode ser atribuído ao nosso bel-prazer ou de acordo com nosso estado de humor.

> O sentido é, pois, uma silhueta que se recorta contra o fundo da realidade. É uma possibilidade que se destaca luminosamente, e é também uma necessidade. É aquilo que é preciso fazer em cada situação concreta, e essa possibilidade de sentido é sempre, como a própria situação, única e irrepetível. (Frankl, 2016a, p. 35)

O sentido tem caráter objetivo, muda de situação em situação e de pessoa para pessoa; "existe um sentido para cada um e para cada um há um sentido especial" (Frankl, 1990a, p. 33). A vida tem sentido sempre, um sentido incondicional, "inesgotável e onipresente" (Frankl, 1990a, p. 37), até a hora da morte! Isso foi dito, vivido e constatado cientificamente por Frankl e por vários outros pesquisadores. Completa Frankl (1990a, p. 33):

> Não existe nenhuma situação na qual a vida deixe já de oferecer uma possibilidade de sentido, e não existe também nenhuma pessoa para a qual a vida não tenha disposto uma tarefa. A possibilidade de realizar um sentido é em cada caso única e a personalidade que pode destruí-lo é também, em cada caso, singular.

Foi comprovado por vários autores (Frankl, 1990b, p. 48-49) que é possível encontrar sentido independentemente de sexo, idade, nível de inteligência, escolaridade, estrutura de caráter, ambiente social e inclusive de ser ou não religioso. A busca de sentido e sua realização são independentes do fato de alguém ser religioso ou não.

Frankl (2016a, p. 128) comprovou que "quanto mais o homem apreender o caráter de missão que a vida tem, tanto mais lhe parecerá carregada de sentido sua vida", mais será percebida como dádiva e incumbência, como dom e tarefa, como graça e missão. Mesmo na pior catástrofe, na maior calamidade, há um sentido a ser realizado para cada pessoa singular. Novamente emerge a ideia de que tanto na prevenção da frustração existencial como na sua resolução, é fundamental despertar na pessoa do aluno a ampliação de visão para que sejam percebidas as inúmeras possibilidades de realização de sentido que a vida oferece; não só a visão, mas também a coragem para essa realização. A história dos Três Porquinhos ilustra muito bem nossas possibilidades de escolha: o que tem sentido nem sempre é o mais fácil, nem o mais rápido, nem o mais agradável, mas é o que salva! Escreve Freitas (2018, p. 66-67) "Precisamos aprender a 'construir a casa de tijolos', a construir nossa vida sobre a rocha, para que nem mesmo as catástrofes, quer sejam naturais ou não, possam destruí-la". A educação é o meio privilegiado para esse aprendizado!

VIAS DE REALIZAÇÃO DE SENTIDO

De acordo com a Logoterapia, o sentido da vida se dá pela realização de valores, por três vias principais, três formas diferentes (Frankl, 2011a, p. 135):

1. Criando um trabalho ou praticando um ato – valores criativos;
2. Experimentando algo ou encontrando alguém – valores vivenciais;
3. Pela atitude que tomamos em relação ao sofrimento inevitável – valores de atitude.

VALORES CRIATIVOS: EDUCAR PARA A CAPACIDADE DE DESEMPENHO

"A vida oferece inúmeras oportunidades de realização de sentido, de transformação criativa da realidade, principalmente em situações de crises" (Freitas, 2018, p. 67). A primeira possibilidade de realização de sentido é realizando um trabalho ou criando uma obra, nos quais se imprime o caráter de algo único e irrepetível do homem, nos quais se revela o estilo de cada pessoa, seu modo de ser e fazer, ao que Frankl chamou valores criativos. Por exemplo, em uma família, a mãe percebe, pela forma da colocação dos pratos e talheres, quem foi o filho que arrumou a mesa de jantar, pois cada um imprime seu jeito naquilo que faz.

Importa ressaltar que o que vale é o modo como se trabalha, o cumprimento das tarefas concretas, a realização da obra bem-feita, e não a profissão em si, o cargo que se ocupa ou a grandeza da abrangência do seu trabalho (Frankl, 2016b, p. 112); não somente o que é feito, mas quem o faz e de que modo é feito, isso é o importante. A realização do trabalho com sentido é o principal exemplo dessa categoria de valores.

Na escola, na medida em que se ensina o aluno a fazer bem-feito o que fizer, se ensinará a encontrar o sentido da tarefa, a ter um bom desempenho em suas atividades. Talvez seja o valor mais enaltecido na educação.

VALORES VIVENCIAIS: EDUCAR PARA A CAPACIDADE DE AMAR

Valores vivenciais são aqueles que se realizam quando acolhemos a beleza da natureza, o belo na arte, o sorriso de uma criança etc., quando acolho o caráter de algo único e irrepetível de uma determinada situação, "quando vivencio algo ou alguém, e vivenciar alguém em sua originalidade e singularidade significa amá-lo" (Frankl, 1990b, p. 47). É também lembrar fatos marcantes do passado, vividos de forma amorosa e significativa. E completa Frankl (2016b, p. 220): "o amor é, afinal, a vivência em que, pouco a pouco, se vive a vida de outro ser humano, em todo o seu 'caráter de algo único' e irrepetível!".

A maior expressão de uma vivência de sentido é o amor; a experiência do sentido do amor é um valor de vivência ao qual não podemos renunciar nem obstaculizar. O amor nos permite alcançar outro ser humano em sua essência, em sua originalidade, singularidade e irrepetibilidade. O amor nos faz ver além do que o outro é no presente pois antevê suas potencialidades e capacita a pessoa amada a realizá-las. O amor é uma decisão, não somente uma emoção; não está subordinado aos impulsos e instintos, mas orientado pela consciência; é autotranscendente pois sai de si mesmo em direção à pessoa amada, tornando quem ama capaz de renunciar pelo bem do outro.

No contexto atual da educação, em que se preza mais o produzir, o fazer, os valores vivenciais são negligenciados. Diz Freitas (2018, p. 68):

> É urgente resgatarmos nossa capacidade de contemplar um pôr do sol, de escutar o silêncio, de apreciar uma obra de arte, de ouvir uma boa música, de perceber o crescimento de nossos filhos e/ou de nossos alunos, de escutar nossos amigos, de acolher o momento presente.

Em sala de aula também podemos dizer que é urgente e necessário resgatar a capacidade de "escutar o silêncio" para escutar a voz da consciência; é impreterível ensinar a capacidade de observação e contemplação do belo; é imprescindível ensinar não somente com amor, mas para a capacidade de amar. Ensinar para a capacidade de amar significa resgatar o sentido do amor na vivência da sexualidade humana. Com isso, proporcionaremos oportunidades de realização de sentido, prevenindo a frustração da vontade de sentido.

VALORES DE ATITUDE: EDUCAR PARA A CAPACIDADE DE SOFRER

Quando não posso mudar ou desfrutar de uma situação, sou chamado a mudar minha atitude perante ela. Atitudes como a coragem no sofrimento, a dignidade nas catástrofes e a valentia na frustração permitem a realização de sentido e valores nas piores condições.

> ...enquanto consideramos que a atitude com a qual enfrentamos a dor, nos permite "transformar o sofrimento em conquista", podemos compreender também que existem pessoas que somente diante de uma catástrofe tomam impulso para elevar-se ao máximo neste sentido. (Frankl, 1994a, p. 35)

Não são os fatos em si que nos trazem sofrimento, mas a atitude que tomamos diante dos fatos que podem transmutar a adversidade em conquista, em cresimento interior e em amadurecimento da personalidade. Podemos encontrar exemplos significativos de realização de valores de atitude, tanto em nosso entorno como na literatura. Citarei Nick Vujicic (2015), famoso palestrante internacional nascido sem os braços e as pernas, que, com sua deficiência, atingiu um vida plena de realizações mesmo com sofrimentos e adversidades, ao orientar sua vida na convicção de que nasceu com um propósito singular e significativo.

Continua Frankl (1990a, p. 37):

> [Pois] ao realizar um sentido, o homem se realiza a si mesmo. Ao realizar o sentido do sofrimento, realizamos o mais humano do ser humano, amadurecemos, crescemos, crescemos mais além de nós mesmos. Inclusive quando nos encontramos sem remédio e sem esperança, diante de situações que não podemos modificar, neste momento então estamos chamados e nos é pedido que mudemos a nós mesmos.

Essa possibilidade de realização de sentido mesmo diante de uma situação irremediável é o que possibilita a esperança diante das piores catástrofes, das maiores crises, das mais intensas calamidades e pandemias, pois "a vida do homem conserva o seu sentido até o último suspiro" (Frankl, 2016b, p. 114).

Essa capacidade de afrontar o sofrimento, superar a frustração, desenvolver a resiliência é negligenciada na educação. É impostergável uma pedagogia realizada com amor, que ensine a capacidade de amar e a coragem de sofrer com dignidade e sentido, por algo ou alguém.

Quando educamos para a capacidade de desempenho – valores criativos, para a capacidade de amar – valores vivenciais, e para a coragem de sofrer – valores de atitude, estamos oferecendo um suporte sólido para o desenvolvimento integral da personalidade. Quando, porém, negligenciamos algum desses valores, podemos prejudicar o pleno desenvolvimento da personalidade da pessoa em formação, nosso aluno.

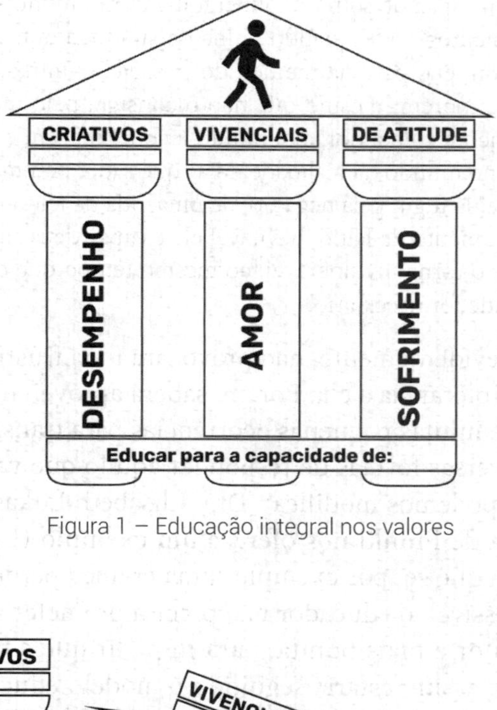

Figura 1 – Educação integral nos valores

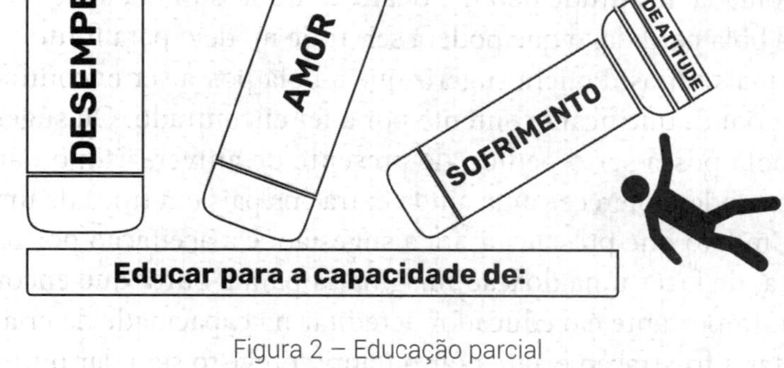

Figura 2 – Educação parcial

CUIDANDO DO ALUNO QUE EXPRESSA FRUSTRAÇÃO

Se quisermos preparar nossas crianças e adolescentes para uma vida saudável, prevenindo o vazio existencial decorrente da frustração da vontade de sentido, precisamos escutar o que diz Lukas (1992, p. 253):

> A educação atual deverá basear-se não apenas num reforço da capacidade de amar, mas num reforço também de sua capacidade de sofrer. O homem capaz de sofrer não mergulha num mundo simulado "isento de sofrimentos", mas quando se lhe depara uma dor, ele discute ativamente com ela, para na medida do possível eliminá-la do mundo da realidade, porém, mesmo que não o consiga, pelo menos ele discute passivamente com a dor, assumindo-a com coragem e integrando-a no mundo, no mundo da realidade. Mais que tudo, porém, ele não tem necessidade de fugir, pela negação, de uma vida de feitio mutável, quando até o sofrimento de feitio inevitável ele é capaz de aceitar; a capacidade de sofrer o torna invulnerável, ao mesmo tempo que disposto para intervir onde for necessário.

O educador, evidentemente, não provocará uma frustração no aluno para ensinar a tolerância a ela. Porém, saberá aproveitar a oportunidade educativa de muitas pequenas ocorrências para transmitir que sempre existem diversas formas de responder àquilo que vai contra nossa vontade e não podemos modificar. Dra. Elisabeth Lukas, discípula direta e predileta de Frankl nos oferece um exemplo (Lukas, 1992, p. 254). Ela conta que se, por exemplo, uma criança perde uma bola em um lugar inacessível, o educador não precisa prometer imediatamente outra bola, maior e mais bonita, para impedir que a criança sofra e chore. Fazendo assim, estaria seguindo o modelo educacional que se guia pela busca do prazer e da satisfação pessoal e perderia uma grande chance educativa de ensiná-la a lidar com frustrações, de forma natural e, quem sabe, lúdica. O educador pode engendrar com a criança uma tomada de atitude perante o fato da impossibilidade de recuperação da bola perdida, o que poderá servir de modelo para futuras perdas ainda mais sérias. Poderá sugerir que a bola possa ser encontrada por outra criança que ficará contente por a ter encontrado. Ou sugerir que uma bola possa ser o pedido de presente de aniversário; ou ainda, a criança poderá oferecer uma ajuda extra aos pais em troca de uma gorjeta. Um fato que presenciei, foi a sugestão, e a aceitação por parte da criança, de fazer uma doação imaginária para a outra que encontraria a bola. Importante é o educador acreditar na capacidade da criança de suportar a frustração e aguentar o tempo previsto sem dar outra bola.

Outra situação descrita por Freitas (2020, p. 126):

> Após a semana das crianças, em 2016, encontrei-me com uma mãe na recepção, que me relatou emocionada o que aconteceu com seu filho de oito anos, que fica em período integral no Colégio Viktor Frankl. Disse-me que a professora tinha combinado com a turma de entrar na piscina em comemoração à semana das crianças, mas, quando a mãe viu o mau tempo, imaginou que não seria possível e que, ao buscar seu filho, o encontraria chateado e emburrado. Qual não foi sua surpresa quando o encontrou, pois ele estava exultando de alegria. Não entendendo nada, perguntou o que havia acontecido. E ele respondeu nestes termos:
>
> — Mãe, hoje foi o dia mais feliz da minha vida! Fizemos brincadeira de lama!!! Não deu para entrar na piscina. Mas isso eu posso fazer no clube. Brincar de lama, só aqui!
>
> A professora havia explicado para a turma que nem sempre as coisas acontecem do jeito que queremos. E precisamos descobrir o que pode dar certo mesmo assim. E que era para eles aproveitarem o máximo daquilo que estava sendo possível naquele momento. E o menino completou, segundo a mãe:
>
> — Deus já tinha preparado algo melhor para nós!
>
> A mãe e eu estávamos com os olhos marejados, imaginando o significado para a vida que esse evento poderia trazer para o seu filho, nosso aluno.

Outro exemplo real foi de uma criança de cinco anos na qual foi diagnosticado estrabismo com necessidade urgente, improrrogável e imperiosa do uso de tampão. A criança estava com muita dificuldade de adesão ao tratamento. A mãe, sendo pedagoga, já tinha tentado várias formas para motivá-lo ao uso, inclusive com a ajuda da professora e dos colegas da turma da escola: pirata, tampão colorido para todos da turma etc. Em um encontro fortuito com a mãe, a diretora da escola sugeriu mais algumas atividades, mas todas já tinham sido testadas sem êxito. Até que, olhando bem nos olhos da mãe, a educadora disse que, então, era o momento de falar sobre o sentido do sofrimento e que aquela frustração valeria uma boa visão futura, pois, o tratamento não fosse bem realizado, a criança poderia perder a visão. Saíram lágrimas dos olhos da mãe que disse que ela mesma não suportava o sofrimento do filho, tão novo, mas iria pensar. Em um novo encontro com a mãe, agora sorridente, ela contou que a partir da aceitação do sofrimento e da frustração inevitável, o filho aderiu ao tratamento, usando os tampões mais simples e baratos, sem necessidade de artifícios.

Que possamos, nós educadores, descobrindo e realizando o sentido do ofício de ser educador, sustentar com alegria, coragem e amor nossa tarefa de educar. Que as palavras de Lukas (1992, p. 255) possam renovar nossa esperança e confiança na educação:

> Por isso, enfrentemos com coragem e amor a tarefa da educação, pois só *com* coragem podemos educar *para* a coragem – também para a coragem de sofrer -, e só *com* amor, poderemos educar *para* o amor – também para o amor à vida. (grifo da autora).

REFERÊNCIAS

Bauman, Z. (2008). *Vida para consumo – A transformação das pessoas em mercadoria.* Rio de Janeiro: Jorge Zahar Ed.

______. (2009). *Vida líquida.* 2ª ed. Rio de Janeiro: Jorge Zahar Ed.

Frankl, V. E. (1990a) *Ante el vazio existencial: hacia uma humanización de la psicoterapia* (6ª ed.). Herder.

Frankl, V. E. (1990b). *Psicoterapia para todos: uma psicoterapia coletiva para contrapor-se à neurose coletiva.* Vozes.

Frankl, V. E. (2003). *Logoterapia y Análisis Existencial: texto de cinco décadas* (3ª ed.). Herder.

Frankl, V. E. (2011). *A vontade de sentido: fundamentos e aplicações da logoterapia.* Paulus.

Frankl, V. E. (2015). *A presença ignorada de Deus* (16ª ed.). Vozes; Sinodal.

Frankl, V. E. (2016a). *Sede de sentido* (5ª ed.). Quadrante.

Frankl, V. E. (2016b). *Psicoterapia e sentido da vida: fundamentos da logoterapia e análise existencial* (6ª ed.). Quadrante.

Frankl, V. E. (2018). *Psicoterapia para todos: uma psicoterapia coletiva para contrapor-se à neurose coletiva.* Vozes.

Freitas, M. L. S. (2018). *Afrontamento e superação de crises: contribuições da Logoterapia* (2ª ed.). IECVF, 2018.

Freitas, M. L. S. (2020). *Pedagogia do sentido: contribuições de Viktor Frankl para a educação* (2ª ed.). IECVF, 2020.

Lukas, E. (1992). *Prevenção Psicológica: a prevenção de crises e a proteção do mundo interior do ponto de vista da Logoterapia.* Vozes; Sinodal.

Vujicic, N. (2015). *Fique forte – Você pode superar o bullying e outras coisas que o deixam para baixo.* Brasília: Novas Ideias.

OLHAR APRECIATIVO SOBRE FRUSTRAÇÃO NOS PROCESSOS DE APRENDIZAGEM E DE MUDANÇAS

Floriana Bertini

Não. Definitivamente não aconteceu o que eu estava esperando. Existe um espaço – ou até mesmo um abismo, em algumas situações – entre o mundo das ideias e a vida como ela é (Figura 1).

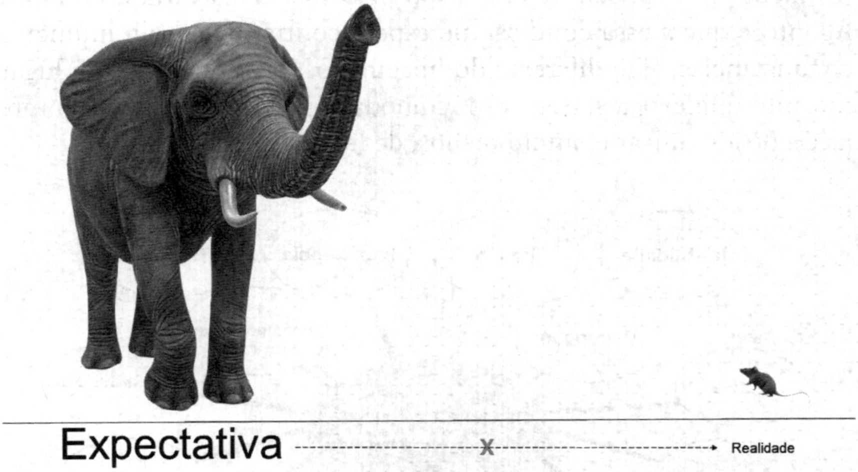

Figura 1 – Expectativa x Realidade

Não haveria nenhum problema em relação a essa constatação se não fosse pela dor emocional que ela pode despertar em nós: e como desperta! O que fazer? Na Medicina, embora desconfortável, a dor tem sua utilidade filogenética por representar sinal de alerta: convite incômodo, algumas vezes decisivo, à mudança de comportamento em relação ao fator causal da própria dor, quem sabe ainda nem mesmo trazido à luz do universo consciente.

Os processos de aprendizagem são terrenos férteis para situações em que nos deparamos com a discrepância entre o desempenho idealizado e o obtido. Para alguns – refiro-me a alunos e a seus professores – tal discrepância remete à percepção de um conjunto de emoções negativas intensas e desgastantes. Como lidar com isso?

O binômio "frustração-aprendizagem" tem características interessantes e dignas de algumas reflexões que, certamente, terão sua utilidade prática. No que diz respeito à etimologia, o substantivo feminino "frustração" vem do latim *frustratio* ou *actio frustra*: ação inútil, em vão.

Entende-se por frustração o estado psíquico ou condição que resulta da percepção do impedimento de atingir a satisfação de um desejo ou necessidade pessoal de ordem pulsional. Em outras palavras, refere-se ao resultado do bloqueio da motivação provocado por qualquer barreira que impeça de alcançar um projeto ou objeto desejado ou esperado.

A origem do processo está nas nossas expectativas: mesmo que de forma inconsciente, estamos continuamente à espera de algum acontecimento que satisfaça os nossos desejos nas mais variadas esferas. Acontece que a essa condição de espera contrapõe-se, em inúmeras circunstâncias, algo diferente do imaginado. Isso nos leva a um lugar inóspito que evoca sensações incômodas e misturadas, nem sempre fáceis de identificar e, muito menos, de lidar (Figura 2).

Figura 2 – Emoções e sensações comumente relacionadas à frustração

A palavra aprendizagem também tem sua origem no latim: apprehendere, que significa "agarrar", "tomar posse de" ou, metaforicamente, reter conhecimento.

Já houve um tempo em que o ensino tradicional considerava o aluno em posição passiva, como receptáculo dos conhecimentos teóricos transmitidos verticalmente pelos professores. Hoje, à luz dos conceitos psicopedagógicos atuais, o aluno é protagonista, o principal agente de sua aprendizagem, esta que pode ser definida como o processo de mudança de comportamento obtido através da experiência criada por fatores emocionais, neurológicos, relacionais e ambientais, resultado da interação entre estruturas mentais e meio ambiente.

O campo de estudo dos processos de mudança recebeu grande contribuição a partir da década de 1980, quando o psicólogo norte-americano James O. Prochaska, da Universidade de Rhode Island, e seus colaboradores desenvolveram o Modelo Transteórico. Esse modelo foi construído inicialmente a partir da observação de tabagistas rumo à cessação do hábito – e em seguida validado para os demais vícios e comportamentos. A partir dessa análise foi possível a identificação de seis estágios de prontidão para a mudança, a saber: pré-contemplação, contemplação, preparação, ação, manutenção e terminação, cada um deles com características bem definidas de acordo com o nível de autoeficácia, ou seja, do grau de confiança de cada indivíduo em relação à perspectiva de obter sucesso na modificação do hábito ou comportamento em questão. A importância da identificação dos estágios de prontidão é que ela permite aprimorar a disponibilização de estratégias dedicadas ao objetivo de auxiliar os indivíduos na trajetória rumo aos estágios de prontidão mais avançados ou próximos do êxito desejado.

Assim como a distância entre a expectativa e a realidade não pode ser representada por uma linha reta – antes fosse! –, a distância entre um hábito ou comportamento a ser modificado e sua própria modificação bem-sucedida também não pode. A forma geométrica escolhida por Prochaska para representar a trajetória onde estão inseridos os estágios de prontidão para as mudanças foi a de uma espiral, cujas contrações e expansões correspondentes às mudanças de raios e de níveis de profundidade são mais condizentes com a realidade dinâmica dos processos (Figura 3).

Figura 3 – Representação geométrica do Modelo Transteórico de Prochaska

Considerando a aprendizagem como um processo de mudança, conforme citado anteriormente, cabe aqui uma breve descrição dos estágios de prontidão para ilustrar a aplicabilidade do modelo: vamos focar na frustração e transitar pelos estágios de prontidão do Modelo Transteórico de Prochaska.

O primeiro passo na espiral dos processos de mudança é a pré-contemplação. Trata-se de um estágio de prontidão em que a cegueira cognitiva não permite que a frustração seja identificada como alvo a ser abordado. Não ocorrendo a identificação do "problema", é virtualmente nula a probabilidade de resolvê-lo, ou cuidar dele. Aqui entra a importância do autoconhecimento e da liberdade concedida por cada um de nós a si mesmo, no sentido de se permitir a percepção da frustração enquanto realidade, assim como ela é, o mais longe de julgamentos possível.

A aceitação, nesse momento, é a ferramenta que auxilia o indivíduo na migração para o estágio seguinte na espiral: o da contemplação. Quando falo em aceitação, preciso abrir um espaço aconchegante para tratar de acolhimento. Nem sempre a aceitação é fácil: diversas vezes, compete e perde para mecanismos de defesa que resultam em negação, extinguindo ou quase as probabilidades de progresso ao longo da espiral evolutiva. Faz-se necessária uma dose de coragem considerável para olhar de frente e aceitar o que nos causa desconforto. O acolhimento nutre, em parte, essa coragem. Importante é ressaltar que o acolhimento externo, por parte da rede de apoio, é extremamente útil, porém não suficiente se não for acompanhado do "autoacolhimento". Acolher-se a si mesmo é um exercício que algumas vezes enfrenta batalhas intensas com crenças limitantes ou outros fatores internos alicerçados em variáveis familiares, sociais e culturais, mas – notícia boa! – é passível de treino e fortalecimento.

Ao falar em "olhar de frente" estamos nos aproximando do conceito de olhar apreciativo: abordagem multissensorial de percepção da realidade assim como ela é aberta ao resgate consciente de aspectos positivos que coexistem com os menos comumente apreciáveis e que poderiam passar desapercebidos se não nos propuséssemos a buscá-los através de uma atitude ativa de presença plena.

É necessário exercer o olhar apreciativo para olhar não somente "de frente" para a frustração. No ato de identificá-la, dar-lhe legitimidade, identidade e voz: é preciso olhar de lado, por cima, por baixo, de perto e de longe, valorizando a informação de que a observação de um fenômeno depende de múltiplos fatores, como foco, iluminação, distância, associações, local, tempo, contexto, impressões pessoais, filtros, entre outros. Somente então estaremos abertos à verdade de que (quase) tudo pode ser diferente – o que amplia de forma substancial o leque de possibilidades.

O estágio da contemplação é caracterizado pela ambivalência em relação ao reconhecimento do "problema" enquanto objeto digno de ser tratado como tal. A frustração identificada e trazida à consciência deve ou não ser abordada? Isso é possível? Será que eu devo considerar a frustração no processo de aprendizagem como fonte de aprendizagem ou será que não? O grau de sofrimento psíquico nesse momento costuma ser superior ao do estágio anterior, o que por sua vez acompanha a autoeficácia que cresce junto e proporciona maiores oportunidades de avanços na espiral.

O olhar apreciativo surge, nesse contexto, como ferramenta auxiliar na transição entre as etapas de aceitação e ressignificação (Figura 4), auxiliando o indivíduo que transita pela espiral dos processos de mudança na migração do estágio de prontidão contemplativo para o da preparação. De que maneira o meu olhar sobre a realidade pode me ajudar a enfrentá-la de forma assertiva em relação aos meus objetivos? Por qual prisma escolho olhar? De quais teorias, conhecimentos, instrumentos, habilidades eu necessito para obter êxito? Como posso acessá-las? De que forma posso fortalecer as minhas aptidões socioemocionais para trilhar o caminho com efetividade?

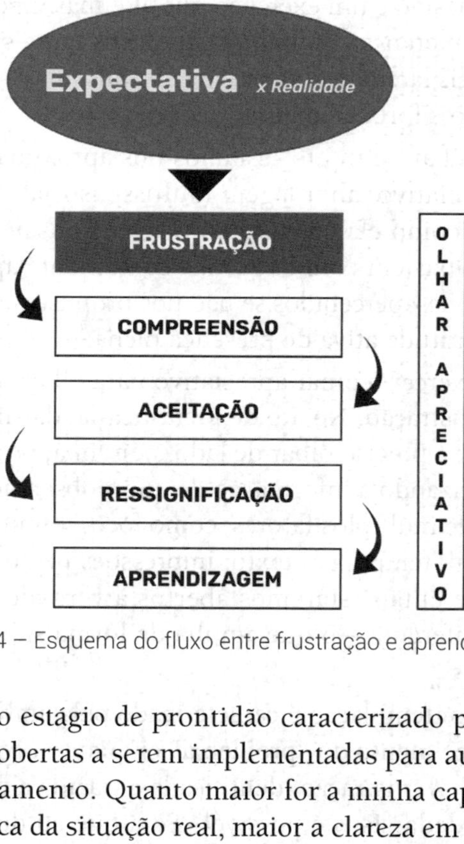

Figura 4 – Esquema do fluxo entre frustração e aprendizagem

Preparação é o estágio de prontidão caracterizado pelo conjunto de estratégias descobertas a serem implementadas para aumentar o repertório de enfrentamento. Quanto maior for a minha capacidade de avaliação diagnóstica da situação real, maior a clareza em relação às metas traçadas e como alcançá-las. Hora de pequenos testes bem planejados. Filosofia, Psicologia e Religião podem ser fontes de inspiração e de elementos que somam no processo, à medida em que o autoconhecimento e o autocuidado cooperam em manter o equilíbrio e o olhar na direção escolhida. Não temos efetivamente o controle sobre diversas variáveis que não dependem da nossa vontade, isso é fato, mas podemos treinar e aprender a controlar a maneira como olhamos para a realidade e para as nossas próprias frustrações, enquanto parte da realidade.

O ajuste das expectativas é uma alternativa de muito sentido, desde que seja a partir de um lugar autêntico e verdadeiro. O modelo em espiral permite que atitudes como essa nos impulsionem para a frente nos estágios de prontidão, assim como prevê a possibilidade de novos começos em caso de recaídas que nos levem de volta a pontos anteriores do caminho. O autoconhecimento, mais uma vez, é de extremo valor: de acordo com as experiências adquiridas, nos momentos em que voltamos alguns passos na espiral, dificilmente recuamos até o ponto de partida, porque a bagagem acumulada já nos coloca em situação mais favorável do que a que existia antes dela.

Durante a preparação, diversos são os momentos em que somos convidados a conhecer e estimular a resiliência: propriedade cujo conceito vem da Física e se refere à característica de um elemento ser capaz de se deformar transitoriamente devido à necessidade de passar por uma situação de aperto, sem perder sua integridade e reassumindo o seu formato original, uma vez ultrapassado o estímulo adverso. A resiliência permite que superemos as adversidades sem perder a nossa essência: assim, aumenta o poder de tolerar o desconforto da frustração, abrindo a possibilidade de nos questionarmos sobre o que fazer com ela. Um convite específico à ação, ou, em outras palavras, à ressignificação.

É mais uma vez através do olhar apreciativo, especificamente por sua característica de busca ativa de possibilidades alternativas – cujo resultado oferece satisfação e encantamento a partir de elementos efetivamente disponíveis na realidade – que podemos olhar de frente para a frustração e, até certo ponto, escolher se desejamos nos entregar à paralização, depressão ou raiva... ou não. Por outro "ângulo", uma expectativa frustrada pode alavancar uma genuína vontade de mudanças, ou seja, pode ser transformada em fonte de aprendizagem e poderoso impulso para novas ações.

Uma vez plenamente vivenciado o estágio da preparação, o indivíduo sente-se pronto para a ação. É hora de lidar com a frustração, ressignificá-la sempre que necessário ou desejado, acolhê-la e transformá-la, não simplesmente negá-la ou aprender a sobreviver apesar dela; é para conviver com ela. Conviver com a realidade.

A ação é o estágio do compromisso assumido consigo mesmo e perante o grupo, a comunidade. Afinal, seres sociáveis que somos, não devemos nos esquecer de que não estamos sozinhos e, pelo contrário, interagimos com infinitos transeuntes pela mesma espiral dos processos de mudança, cada um em seu estágio de prontidão, de acordo com o hábito ou comportamento em modificação no momento. A autoeficácia nutrida pelas experiências adquiridas nos estágios anteriores encontra-se suficientemente alta para alimentar as escolhas e condutas. Surge agora um movimento// interno de solidariedade que tomará corpo consistentemente na etapa seguinte, a da manutenção.

A manutenção é o estágio de prontidão em que a ação se repete indefinidamente até consolidar o hábito. Cada um de nós sabe que não faltam oportunidades e gatilhos para novas frustrações em todos os momentos da vida, em diversos campos, e não seria diferente no campo da aprendizagem. Cada gatilho, cada episódio pode ser oportunidade de treino, recomeço, consolidação da prática de olhar apreciativo, ressignificação e propulsão para diferentes maneiras de enfrentamento. Aqui, o principal desafio é o de lidar com lapsos e recaídas que podem, sim, acontecer a qualquer momento. Afinal, a motivação, aquela consciência focada no objetivo – que nos protege – é flutuante... e tudo bem. O processo é dinâmico mesmo. Nenhum desafio é igual ao outro. Importante é manter o olhar na direção e seguir em movimento na espiral, um passo após o outro. Em cada degrau subido ou descido haverá oportunidades para treinar o olhar apreciativo: respirar, compreender, aceitar, acolher, ressignificar e continuar crescendo, muito ou pouco, cada um do seu jeito e no seu tempo. E tudo bem.

Há quem chegue, acreditem, na terminação, nome do último estágio de prontidão, que se caracteriza pelo hábito ou comportamento consolidado. Se me permitirem escolher uma metáfora, gosto da imagem da bandeira fincada no ponto mais alto da montanha para representar o que o nome desse estágio significa. Em se tratando de frustração, ainda mais no âmbito da aprendizagem, no entanto, prefiro aceitar que o topo da montanha talvez seja um lugar frio demais para se ficar parado lá muito tempo, esperando. Então, tudo bem descer de vez em quando para aquecer o coração no movimento de busca em outros estágios. O valor da imagem da bandeira fincada serve sim como exemplo e inspiração para aqueles que ainda não conseguiram registrar feito semelhante: tem gostinho de é possível, combustível para quem vem junto com a gente pelos degraus da espiral não desistir. Quem sabe, damos voz a impulsos de generosidade e cooperamos, dando as mãos para quem nos presentear com a confiança da oportunidade de sermos rede de apoio, guias, anjos, chamemos como quisermos. Faz parte do estágio da terminação o desejo de ajudar ao próximo com o testemunho da própria jornada pessoal de sucesso.

Não. Definitivamente não aconteceu o que eu estava esperando. E tudo bem. Posso identificar minha frustração. Sentir a dor. Aceitá-la.

Acolhê-la. Perceber que ela vem acompanhada de raiva. De medo. De uma sensação horrível. Posso me olhar no espelho por dentro, do avesso: eu e ela. Posso não gostar do que eu vejo e recuar, negar sua existência por algum tempo – o que não vai fazer com que ela vá embora – e posso reconhecê-la e aceitá-la de novo, quantas vezes for preciso. Até acolhê-la, mais uma vez e, com ela no colo, olhos nos olhos, procurar enxergar através dela algo que eu possa encontrar de bom – difícil! – de útil, de funcional. A única chance de encontrar, por menor que seja, é procurando. Algo que desperte em mim o brilho de uma possibilidade diferente. Posso me preparar para lidar com ela e transformá-la em uma oportunidade de aprendizagem e crescimento. Posso me solidarizar com alguém que sente algo parecido. Posso inclusive desenvolver gratidão por ela. E isso tudo... através da prática consciente do olhar apreciativo, que me permitiu o estado de presença plena em cada passo do trajeto pela espiral dos processos de mudança.

CONSIDERAÇÕES FINAIS

Entendo que a prática do olhar apreciativo sobre a frustração durante os processos de aprendizagem, enquanto abordagem multissensorial de percepção da realidade como ela é e, ao mesmo tempo, instrumento de presença plena, tenha o potencial efeito de estimular o avanço pessoal e coletivo (alunos e professores) ao longo dos estágios de prontidão, rumo a resultados possíveis, eficazes e produtivos.

REFERÊNCIAS

Meneghetti, A. (2008). *Dicionário de Ontopsicologia* (2ª ed.). Ontopsicológica Editora Universitária.

Prochaska, J. O., DiClemente, C. C., & Norcross, J. C. (1992). In Search of How People Change: Applications to addictive behavior. *American Psychologist*, *47*(9), 1102-1114. https://doi.org/10.1037//0003-066x.47.9.1102

Isanta, L. (2018). *Apreciatividad: El arte de percibir lo valioso*. Ediciones Granica.

Bertini, F. (2020). *Qualquerum: E os processos de mudança*. Edições Loyola.

Prochaska, J. O., & Velicer, W. F. (1997). O modelo trans-teórico da mudança de comportamento da saúde. *American Journal of Health Promotion*, *12*(1), 38-48. https://doi.org/10.4278/0890-1171-12.1.38

Bertini, F. (2020). *Processos de mudança: modelo transteórico de Prochska*. InforMed.

Reis, D. S. D. M. (2010). Comunicação em saúde: variáveis que interferem na recepção da mensagem. *Boletim do Instituto de Saúde (Impresso)*, *12*(1), 16-21. https://pesquisa.bvsalud.org/portal/resource/pt/biblio-1048383

Prochaska J. O., & DiClemente C. C. (1983). Stages and processes of self-change of smoking: Toward an integrative model of change. *Journal of Consulting and Clinical Psychology*, *51*(3), 390-395. https://doi.org/10.1037//0022-006x.51.3.390

Foz, A. (2019). *Frustração: como treinar suas competências emocionais para enfrentar os desafios da vida pessoal e profissional*. Benvirá

Graziano, L. D. (2005). A felicidade revisitada: um estudo sobre bem-estar subjetivo na visão da psicologia positiva [Tese de Doutorado, Universidade de São Paulo]. https://doi.org/10.11606/T.47.2005.tde-23052006-164724

MEU ALUNO DIZ QUE ESTUDA, ESTUDA, MAS NÃO APRENDE! COMO AJUDÁ-LO?

Roberta Ekuni
Lisandra Tamires Mendonça

Se você convive com um estudante, ou se lembra do tempo em que estudava, provavelmente essa situação em uma prova lhe é familiar: "Mas eu estudei! Eu sei até em qual página está no meu caderno, mas eu não consigo lembrar da resposta dessa pergunta!". Esses famosos "brancos" fazem com que muitos alunos se sintam frustrados com o seu aprendizado. Eles estudam, estudam, mas muitas vezes têm um desempenho inferior ao esperado. Como podemos ajudá-los?

O desempenho dos alunos pode ser melhorado e, consequentemente, essa frustração pode ser diminuída, uma vez que a aprendizagem realmente ocorra. Mas como? Os cientistas da aprendizagem mostram que é possível promover um aprendizado duradouro com uma medida simples, que não envolve mais tempo em sala de aula (Agarwal et al., 2012), tampouco recursos financeiros adicionais (Roediger & Pyc, 2012). Parece mágica, mas não é, são estratégias baseadas em evidências científicas, válidas não somente em estudos de laboratório (Rowland, 2014), mas também em sala de aula (Agarwal et al., 2021; Moreira et al., 2019; Yang et al., 2021). Antes de discutirmos sobre essas estratégias, é preciso entender quais táticas os alunos utilizam, ou seja, como eles estudam, já que a escolha do método de estudo é um fator importante para o desempenho acadêmico (Geller et al., 2017).

COMO OS ALUNOS ESTUDAM?

Quando questionados a respeito de qual estratégia de estudo os alunos preferem utilizar, a maioria dos alunos do ensino superior afirma preferir ler repetidamente suas anotações e reescrever o conteúdo. Poucos optam por estratégias mais efetivas, como usar flashcards – cartões de pergunta e resposta, resolver problemas ou se auto testar (Karpicke et al., 2009). Similarmente, a primeira escolha de alunos pré-vestibulandos também é reler o conteúdo, seguido de destacar, resumir e resolver problemas práticos (Ekuni et al., 2020). Vale ressaltar que os números dessa pesquisa por preferência independe de nível socioeconômico, isto é, o aluno ser de uma escola pública ou privada não afetou a forma que prefere estudar (Ekuni et al., 2020). De maneira semelhante, em uma pesquisa com alunos do ensino fundamental e médio, 43% dos alunos indicaram que utilizam mais a releitura como estratégia de estudo (Tullis & Maddox, 2020). Logo, percebe-se que, a partir de levantamentos realizados em diferentes níveis educacionais, desde o ensino fundamental até o superior, o ato de reler está entre as estratégias preferidas. Outra preferência dos alunos é estudar de forma concentrada, maciça, logo antes de provas, ao invés de fazê-lo de forma distribuída ao longo do tempo (Kornell et al., 2010).

Diante das escolhas preferidas pelos estudantes, os estudos da ciência da aprendizagem apontam que essas estratégias não são as mais eficientes e influenciam negativamente o desempenho dos alunos. Constata-se, também, que consequências educacionais adversas podem resultar da falha em compreender e gerenciar adequadamente o próprio processo de aprendizagem (Rivers, 2020). Por exemplo, uma notável pesquisa[2] investigou dez estratégias de estudo em relação à sua efetividade (se as estratégias funcionavam para diversas matérias, para alunos de diferentes idades, e se promoviam aprendizagem duradoura) (Dunlosky et al., 2013). Dentre as estratégias investigadas, as que foram consideradas com efeito moderado foram: I) elaboração interrogativa (pensar em uma explicação pela qual uma informação é verdadeira); II) auto explicação (como uma nova informação se conecta com uma informação já conhecida); III) estudo intercalado (e.g. misturar diferentes tipos de problemas em uma sessão de estudo). Entre as

---

2 Até o momento da escrita desse capítulo, o presente artigo foi citado 2472 vezes.

estratégias consideradas como de baixa utilidade estão: I) grifar (destacar partes importantes do texto); II) reler o conteúdo aprendido; III) usar mnemônicos (usar palavras-chaves para lembrar de algo); IV) visualização (associar com imagens enquanto aprende algo); V) resumos. As estratégias mais efetivas, por sua vez, são: I) a prática de lembrar (retrieval practice), e II) a prática de distribuir (*spaced/distributed practice*) (Dunlosky et al., 2013), que serão detalhadas a seguir.

Diante do exposto, percebe-se que as estratégias que os alunos mais escolhem são as menos efetivas. Além disso, os alunos não demonstraram perspicácia em julgar quais estratégias são efetivas. Por exemplo, quando questionados sobre a efetividade da prática de lembrar, quase 60% dos alunos investigados acham que é pouco ou nada efetivo (Palmer et al., 2019).

Além disso, os alunos nem sempre reconhecem os benefícios de praticar lembrar e, ao escolher a estratégia na qual vão estudar, são influenciados por crenças e suposições, entre elas, a de que a releitura é mais eficiente e a de que a prática de lembrar é útil apenas em algumas condições (e.g. quando o material é fácil, quando o intervalo entre o estudo e o teste é curto, quando recebem feedback etc.) (Rivers, 2020). Assim, os testes, que são uma forma de praticar lembrar, acabam sendo subutilizados em ambientes educacionais (Yang et al., 2020).

POR QUE ESSAS ESTRATÉGIAS SÃO RUINS?

Qual o motivo dessas estratégias serem consideradas inefetivas? Tomando a estratégia de grifar ou destacar os conteúdos importantes, as pesquisas mostram que os alunos menos experientes em determinada matéria têm dificuldade de selecionar aquilo que é relevante, e acabam grifando coisas que não são tão importantes (Dunlosky et al., 2013). Se você é docente, deve se lembrar de resumos mal feitos: comumente os alunos copiam frases do texto que acreditam ser importantes e não elaboram o conteúdo, ou seja, não reescrevem as frases com as próprias palavras. Isso faz com que, para muitos, essa técnica seja ineficiente. Por isso, grifar e resumir são classificadas como estratégias de baixa utilidade, uma vez que só funcionam com alunos experientes, aqueles que sabem levantar o que de fato é relevante e aqueles que compreenderam o texto a ponto de conseguirem sintetizar com suas próprias palavras (Dunlosky et al., 2013).

Em relação a reler o conteúdo, quando essa estratégia é utilizada, as informações lidas vão se tornando familiares e, consequentemente, há a sensação de dominar o conteúdo, o que muitas vezes é apenas uma ilusão de competência (Koriat & Bjork, 2005). Isso significa que a pessoa acha que sabe, mas quando precisa da informação, não consegue evocar. Lembra que no começo do capítulo falamos dos famosos "brancos" que deixam os alunos frustrados? É justamente essa ilusão de que domina o conteúdo que faz com que os alunos continuem estudando de maneira equivocada. Quando o aluno relê o conteúdo, por conta da familiaridade, ele pensa: "Hum, acho que já sei". Contudo, essa impressão de fluência não passa de uma suposição que fazemos sobre a nossa própria memória ao deduzir incorretamente nosso desempenho futuro, com base no senso subjetivo de fluência (Koriat & Bjork, 2006).

Além disso, muitas vezes o aluno obtém bons resultados na prova após estudar relendo e grifando, o que faz com que mantenha essas escolhas, já que acredita ter funcionado. Todavia, dias depois ele não se lembra da maioria dos tópicos que estudou. É preciso considerar que os benefícios da prática de lembrar algumas vezes não ficam tão aparentes em pequenos intervalos de tempo (retenção), mas são facilmente observáveis após períodos mais longos (McDermott, 2021). Entretanto, não é tão comum que os alunos sejam cobrados novamente de conteúdos que já foram avaliados. Assim, é fácil acreditar que estudar para a prova é o suficiente.

De modo similar, com a internet e o distanciamento social nos dias atuais, é comum que os alunos escolham rever as aulas gravadas, considerada uma estratégia fácil (Palmer et al., 2019). Contudo, o que ela tem em comum com as demais é que todas essas estratégias visam uma tentativa de "colocar as informações aprendidas para dentro da cabeça dos alunos". Nesse sentido, o foco deveria ser outro: "tirar as informações da cabeça dos alunos", estratégia mais eficiente para aprender e para fazer a aprendizagem durar (Agarwal et al., 2013).

ESTRATÉGIAS MAIS EFETIVAS: PRÁTICA DE LEMBRAR E PRÁTICA DE DISTRIBUIR

A prática de lembrar consiste em lembrar informações as quais já fomos expostos, isto é, tentar "tirar informações da cabeça", lembrando do que foi aprendido (Roediger & Karpicke, 2006). Provavelmente, muitos de vocês já fazem isso quando fornecem ou realizam exercícios, quizzes, simulados, tentam explicar a matéria para si mesmo ou para outra pessoa, ou até mesmo realizando provas! Infelizmente, porém, essas atividades são mal vistas no âmbito escolar, porque normalmente são utilizadas somente como medida de conhecimento e não como estratégias de ensino e aprendizado (Roediger & Butler, 2011). Além disso, muitos acreditam que diante de mais testes os alunos podem ficar mais ansiosos, o que não ocorreu quando essa estratégia foi inserida com mais frequência em sala de aula (Agarwal et al., 2020).

Ao praticar lembrar, são ativados no cérebro conteúdos semanticamente relacionados, o que posteriormente pode facilitar no momento de tentar ativar a lembrança da informação (Carpenter, 2011). Isso ocorre porque o processo de recuperação envolve elaborar e relacionar rotas disponíveis para identificar as informações na memória (Bjork, 1975). Toda vez que encontramos a resposta em nossas mentes, elas são rearmazenadas (McKenzie & Eichenbaum, 2011). Isso significa que a memória dessas informações torna mais forte e melhor associada a outras coisas que sabemos.

Não importa o insucesso em lembrar, a apresentação da resposta logo em seguida da tentativa de lembrar (feedback) promove as mesmas vantagens, pois permite a integração da informação correta a assuntos já conhecidos que ativamos ao tentar lembrar (Butler et al., 2008). Além disso, há outras vantagens, como conseguir identificar o que sabe e o que ainda não domina. Com isso, o aluno pode administrar seu tempo de estudo de maneira mais eficiente, focando nos conteúdos que ainda precisam ser revistos (Roediger et al., 2011). Outros benefícios da prática de lembrar envolvem melhorar a transferência dos conteúdos para outros contextos (Pan & Rickard, 2018) e facilitar a recordação, inclusive de materiais que não foram testados, mas que estão semanticamente relacionados (Chan et al., 2006; Roediger et al., 2011).

A flexibilidade na recuperação das informações a partir da prática de lembrar proporciona efeitos diretos, que surgem do próprio teste, e efeitos indiretos, que se referem a outros possíveis efeitos que o teste possibilita, como a maior motivação para os alunos estudarem e participarem das aulas tentando lembrar as informações estudadas (Roediger et al., 2011).

Outro fator importante diz respeito ao momento de estudo. Ao invés de estudar todo o conteúdo na véspera da prova, os alunos devem se organizar para estudar um pouco de cada vez, distribuindo as sessões de estudo. Isso fará com que a aprendizagem dure mais tempo; estratégia conhecida como prática de distribuir (Carpenter et al., 2012). Uma das explicações para esse fenômeno se deve ao fato de que a reapresentação do material de forma distribuída cria novos contextos que se ligam a traços de memória a cada apresentação, tornando-os mais robustos (Smolen et al., 2016). Isso significa que toda vez que a pessoa revê o conteúdo ela cria um traço de memória mais forte. Se a pessoa não revê os conteúdos imediatamente, ela tem que reativar esses traços de memória. Essa reativação pode ser estimulada a partir de testes, que possibilitam o acesso à informações armazenadas na memória (R. A. Bjork, 1975). Isso fortalece os traços de memória de maneira flexível, fazendo com que eles durem mais tempo (McDaniel et al., 2013). Entretanto, alguns cientistas acreditam que não se pode demorar muito para rever os conteúdos, uma vez que, se não conseguir reativar o traço, não há o efeito (Smolen et al., 2016).

Uma teoria que pode explicar os benefícios da prática de lembrar para a aprendizagem é a teoria das dificuldades desejáveis, que afirma que algumas dificuldades são necessárias para que a aprendizagem dure (E. L. Bjork & Bjork, 2011). Estudar todo o conteúdo de uma única vez pode ser mais fácil, ao passo que estudar um pouco de cada vez pode ser mais complexo e requer maior esforço cognitivo, sendo uma dificuldade desejável na aprendizagem. Ao distribuir as atividades, os estudantes têm a oportunidade de reaprender a informação e, esse desafio (esforço mental), possibilita resultados mais efetivos (McDaniel et al., 2011). Por isso, sempre que possível distribua o tempo dedicado aos estudos em sessões, mantendo um espaçamento entre eles (Carpenter et al., 2012).

Pense em alguma habilidade que recebe muitos elogios, por exemplo, tocar um instrumento, dançar, desenhar. Quando alguém começou a prática dessa habilidade, ela não dominava muito bem, mas, conforme treinava, ficava cada vez mais habilidosa. Com os estudos não é diferente. Não se domina uma matéria da noite para o dia! Para que isso aconteça, distribua as sessões de estudo! E, se possível, tente utilizar a prática de lembrar durante as sessões, conhecida como prática de lembrar distribuída (ou espaçada) (Kang et al., 2014). Assim, otimizará ainda mais o aprendizado.

IMPLICAÇÕES PRÁTICAS

Se você é professor ou está envolvido com o processo de ensino-aprendizagem, existem algumas estratégias que pode implementar para melhorar o desempenho de seus alunos e diminuir a frustração deles frente ao desempenho nas provas. Por exemplo, visto que é comum ter revisões ou exercícios em blocos que se referem ao último conteúdo ensinado ao longo do semestre ou ano, você pode ministrar questões que se referem a informações dadas em uma aula ou capítulo misturadas àqueles referentes ao conteúdo dado em aulas/capítulos anteriores, permitindo que os alunos pratiquem lembrar informações espaçadamente.

Mais uma estratégia é solicitar que os alunos formulem as próprias questões (Weinstein et al., 2010) e troquem com outros alunos. Para isso, vocês podem montar equipes diferentes, de modo que uma equipe responda às perguntas da outra equipe. Lembre-se de, sempre que viável, fornecer o *feedback* para que um possível erro seja corrigido (Ekuni & Pompeia, 2020b). Outras questões práticas para essa atividade: tentar realizar pelo menos uma oportunidade de prática de lembrar para cada conteúdo; uma alternativa é, no final de cada aula, solicitar que os alunos respondam algumas questões referentes aquela aula dada (Ekuni & Pompeia, 2020a).

Também é possível organizar quizzes em tempo real, utilizando um conjunto de cartões coloridos, que podem ser fornecidos pelo professor ou confeccionados pelos próprios alunos com folhas de papel colorido e canetinhas. Para cada cartão deve ser utilizada uma cor diferente, colocando alternativas de A à D e mantendo correspondência entre a cor e a alternativa, para que o professor consiga visualizar as respostas da sala inteira mais facilmente. O professor pode projetar, escrever na lousa ou fazer uma pergunta oralmente com alternativas. Após fornecido um tempo para os alunos pensarem na resposta, eles devem levantar a plaquinha com a alternativa que consideram correta (Agarwal et al., 2013; Ekuni & Pompeia, 2020b), assim estará praticando lembrar.

Os quadros apagáveis também são uma boa opção para desenvolver a prática de lembrar e podem ser confeccionados facilmente ao plastificar um pedaço de cartolina ou folhas de papel sulfite. O professor pode fazer uma pergunta ou um ditado e pedir que os alunos escrevam as respostas no quadro apagável com uma caneta para quadro branco. Dessa forma é possível apagar a resposta facilmente e o quadro apagável pode ser reutilizado em outros momentos (Agarwal et al., 2013; Ekuni & Pompeia, 2020b). Logo, professores podem explorar a utilização da prática de lembrar nas escolas em uma variedade de níveis, áreas e conteúdos educacionais, em diferentes formatos e momentos de intervenção (Agarwal et al., 2021).

Provas que possuem muito valor (*high stakes*) fazem com que os alunos se sintam mais pressionados e ansiosos, podendo interromper a aprendizagem (Hinze & Rapp, 2014). Sendo assim, se o professor utilizar a prática de lembrar como estratégia de estudo, que o exercício receba pouca ou nenhuma pontuação; que seja uma atividade visando o aprendizado, e não a avaliação do aluno. Se for possível, que o aluno não perca nota caso erre, mas que ele ganhe pontos por tentar lembrar da informação (Ekuni & Pompeia, 2015).

A influência dos professores, a partir de orientações de como estudar de maneira eficiente, pode favorecer significativamente o processo de ensino e aprendizagem, possibilitando a utilização da prática de lembrar (Tullis & Maddox, 2020). À medida que os alunos recordam ativamente, eles se tornam mais propensos a perceber informações importantes e transformá-las em uma estrutura de conhecimentos coesa que, de maneira flexível, auxilia na aquisição de novas aprendizagens (Roediger et al., 2011).

Intervenções pontuais feitas pelos professores podem aumentar a motivação e apoiar os alunos na utilização dos testes como estratégia de estudo, mediante instruções que tenham como propósito ajudar os alunos a desenvolverem a consciência metacognitiva, reconhecendo que os testes podem ser utilizados durante o estudo (Rivers, 2020). Estratégias mais descontraídas, dispondo de dicas que levam os estudantes a chegarem nas respostas corretas (Tullis & Maddox, 2020), bem como o encorajamento a novas tentativas (mesmo após o erro), aliviando o receio da falha, também influenciam e motivam os alunos a participarem de testes (Roediger et al., 2011; Tullis & Maddox, 2020).

Informar os alunos sobre estratégias de aprendizagem eficazes permite que reconsiderem aspectos relacionados a como eles aprendem (Brown-Kramer, 2021). Disseminar essas informações para os alunos, seja por palestras, seja durante as aulas ou em posts nas redes sociais, é importante para que eles saibam quais técnicas de estudo são efetivas (Ekuni et al., 2018). Além disso, saber dessas informações pode fazer com que eles utilizem as estratégias efetivas com mais frequência (Ariel & Karpicke, 2018). Estudando de forma eficiente, aprenderão mais e se frustrarão menos!

REFERÊNCIAS

Agarwal, P. K., Bain, P. M., & Chamberlain, R. W. (2012). The Value of Applied Research: Retrieval Practice Improves Classroom Learning and Recommendations from a Teacher, a Principal, and a Scientist (I. of E. Sciences & W. U. in St. Louis, Eds.). *Educational Psychology Review*, *24*, pp. 437-448. https://doi.org/10.1007/s10648-012-9210-2

Agarwal, P. K., D'Antonio, L., Roediger, H. L., McDermott, K. B., & McDaniel, M. A. (2014). Classroom-based programs of retrieval practice reduce middle schooland high school students' test anxiety. *Journal of Applied Research in Memory and Cognition*, *3*(3), 131-139. https://doi.org/10.1016/j.jarmac.2014.07.002

Agarwal, P. K., Nunes, L. D., & Blunt, J. R. (2021). Retrieval Practice Consistently Benefits Student Learning: a Systematic Review of Applied Research in Schools and Classrooms. *Educational Psychology Review*, *33*, 1409-1453. https://doi.org/10.1007/s10648-021-09595-9

Agarwal, P. K., Roediger, H. L., McDaniel, M. A., & McDermott, K. B. (2020). *How to use retrieval practice to improve learning*. Washington University in St. Louis. http://pdf.retrievalpractice.org/RetrievalPracticeGuide.pdf

Ariel, R., & Karpicke, J. D. (2018). Improving self-regulated learning with a retrieval practice intervention. *Journal of Experimental Psychology: Applied*, *24*(1), 43-56. https://doi.org/10.1037/xap0000133

Bjork, E. L., & Bjork, R. A. (2011). Making Things Hard on Yourself, But in a Good Way: Creating Desirable Difficulties to Enhance Learning. In M. A. Gernsbacher, R. W. Pew, L. M. Hough, & J. R. Pomerantz (Eds.), *Psychology and the Real World: Essays Illustrating Fundamental Contributions to Society* (pp. 55-64).

Bjork, R. A. (1975). Retrieval as a memory modifier: An interpretation of negative recency and related phenomena. *Information Processing and Cognition: The Loyola Symposium*, 123-144.

Brown-Kramer, C. R. (2021). Improving Students' Study Habits and Course Performance With a "Learning How to Learn" Assignment. *Teaching of Psychology*, *48*(1), 48-54. https://doi.org/10.1177/0098628320959926

Butler, A. C., Karpicke, J. D., & Roediger, H. L. (2008). Correcting a Metacognitive Error: Feedback Increases Retention of Low-Confidence Correct Responses. *Journal of Experimental Psychology: Learning, Memory, and Cognition*, *34*(4), 918-928. https://doi.org/10.1037/0278-7393.34.4.918

Carpenter, S. K. (2011). Semantic information activated during retrieval contributes to later retention: Support for the mediator effectiveness hypothesis of the testing effect. *Journal of Experimental Psychology: Learning, Memory, and Cognition*, *37*(6), 1547-1552. https://doi.org/10.1037/a0024140

Carpenter, S. K., Cepeda, N. J., Rohrer, D., Kang, S. H. K., & Pashler, H. (2012). Using Spacing to Enhance Diverse Forms of Learning: Review of Recent Research and Implications for Instruction. *Educational Psychology Review*, 24(3), 369-378. https://doi.org/10.1007/s10648-012-9205-z

Chan, J. C. K., McDermott, K. B., & Roediger, H. L. (2006). Retrieval-induced facilitation: Initially nontested material can benefit from prior testing of related material. *Journal of Experimental Psychology: General*, *135*(4), 553-571. https://doi.org/10.1037/0096-3445.135.4.553

Dunlosky, J., Rawson, K. A., Marsh, E. J., Nathan, M. J., & Willingham, D. T. (2013). Improving students' learning with effective learning techniques: Promising directions from cognitive and educational psychology. *Psychological Science in the Public Interest, Supplement*, *14*(1), 4-58. https://doi.org/10.1177/1529100612453266

Ekuni, R., & Pompeia, S. (2015). Prova é perda de tempo? In R. Ekuni, L. Zeggio, & O. F. A. Bueno (Eds.), *Caçadores de Neuromitos: o que você sabe sobre seu cérebro é verdade?* (pp. 196-202). Memnon.

Ekuni, R., & Pompeia, S. (2020a). Improving retention by placing retrieval practice at the end of class: a naturalistic study. *Revista Latinoamericana de Psicología*, *52*(3), 22-32. https://doi.org/10.14349/rlp.2020.v52.3

Ekuni, R., & Pompeia, S. (2020b). Retrieval Practice: Which Factors Should Educators Pay Attention To? *Psicologia Escolar e Educacional*, *24*, 1-10. https://doi.org/10.1590/2175-35392020220284

Ekuni, R., Souza, B. M. N., Agarwal, P. K., & Pompeia, S. (2020). A Conceptual Replication of Survey Research on Study Strategies in a Diverse, non-WEIRD Student Population. *Scholarship of Teaching and Learning in Psychology*, *8*(1), 1-14. https://doi.org/10.1037/stl0000191

Ekuni, R., Souza, B. M. N., & Pompeia, S. (2018). Popularization of efficient science- based study techniques through actions in schools, media and internet. *Revista Brasileira De Extensão Universitária*, *9*(2), 125-133. https://doi.org/10.24317/2358-0399.2018v9i2.7842

Geller, J., Toftness, A. R., Armstrong, P. I., Carpenter, S. K., Manz, C. L., Coffman, C. R., & Lamm, M. H. (2017). Study strategies and beliefs about learning as a function of academic achievement and achievement goals. *Memory*, *26*(5), 683-690. https://doi.org/10.1080/09658211.2017.1397175

Hinze, S. R., & Rapp, D. N. (2014). Retrieval (sometimes) enhances learning: Performance pressure reduces the benefits of retrieval practice. *Applied Cognitive Psychology*, *28*(4), 597-606. https://doi.org/10.1002/acp.3032

Kang, S. H. K., Lindsey, R. V, Mozer, M. C., & Pashler, H. (2014). Retrieval practice over the long term: Should spacing be expanding or equal-interval? *Psychonomic Bulletin & Review*, *21*(6), 1544-1550. https://doi.org/10.3758/s13423-014-0636-z

Karpicke, J. D., Butler, A. C., & Roediger, H. L. (2009). Metacognitive strategies in student learning: Do students practise retrieval when they study on their own? *Memory*, *17*(4), 471-479. https://doi.org/10.1080/09658210802647009

Koriat, A., & Bjork, R. A. (2005). Illusions of competence in monitoring one's knowledge during study. *Journal of Experimental Psychology: Learning, Memory, and Cognition*, *31*(2), 187-194. https://doi.org/10.1037/0278-7393.31.2.187

Koriat, A., & Bjork, R. A. (2006). Illusions of competence during study can be remedied by manipulations that enhance learners' sensitivity to retrieval conditions at test. *Memory and Cognition*, *34*(5), 959-972. https://doi.org/10.3758/BF03193244

Kornell, N., Castel, A. D., Eich, T. S., & Bjork, R. A. (2010). Spacing as the friend of both memory and induction in younger and older adults. *Psychology and Aging*, *25*(2), 498-503. https://doi.org/10.1037/a0017807

McDaniel, M. A., Agarwal, P. K., Huelser, B. J., McDermott, K. B., & Roediger, H. L. (2011). Test-enhanced learning in a middle school science classroom: The effects of quiz frequency and placement. *Journal of Educational Psychology*, *103*(2), 399-414. https://doi.org/10.1037/a0021782

McDaniel, M. A., Thomas, R. C., Agarwal, P. K., McDermott, K. B., & Roediger, H. L. (2013). Quizzing in Middle-School Science: Successful Transfer Performance on Classroom Exams. *Applied Cognitive Psychology*, *27*(3), 360-372. https://doi.org/10.1002/acp.2914

McDermott, K. B. (2021). Practicing Retrieval Facilitates Learning. *Annual Review of Psychology*, *72*, 609-633. https://doi.org/10.1146/annurev-psych-010419-051019

McKenzie, S., & Eichenbaum, H. (2011). Consolidation and Reconsolidation: Two Lives of Memories? *Neuron*, *71*(2), 224-233. https://doi.org/10.1016/j.neuron.2011.06.037

Moreira, B. F. T., Pinto, T. S. S., Starling, D. S. V., & Jaeger, A. (2019). Retrieval Practice in Classroom Settings: A Review of Applied Research. *Frontiers in Education*, *4*(February). https://doi.org/10.3389/feduc.2019.00005

Palmer, S., Chu, Y., & Persky, A. M. (2019). Comparison of rewatching class recordings versus retrieval practice as post-lecture learning strategies. *American Journal of Pharmaceutical Education*, *83*(9), 1958-1965. https://doi.org/10.5688/ajpe7217

Pan, S. C., & Rickard, T. C. (2018). Transfer of test-enhanced learning: Meta-analytic review and synthesis. *Psychological Bulletin*, *144*(7), 710-756. https://doi.org/10.1037/bul0000151

Rivers, M. L. (2020). Metacognition About Practice Testing: a Review of Learners' Beliefs, Monitoring, and Control of Test-Enhanced Learning. *Educational Psychology Review*. https://doi.org/10.1007/s10648-020-09578-2

Roediger, H. L., & Butler, A. C. (2011). The critical role of retrieval practice in long-term retention. *Trends in Cognitive Sciences*, *15*(1), 20-27. https://doi.org/10.1016/j.tics.2010.09.003

Roediger, H. L., & Karpicke, J. D. (2006). The Power of Testing Memory: Basic Research and Implications for Educational Practice. *Perspectives on Psychological Science*, *1*(3), 181-210. https://doi.org/10.1111/j.1745-6916.2006.00012.x

Roediger, H. L., Putnam, A. L., & Smith, M. A. (2011). Ten Benefits of Testing and Their Applications to Educational Practice. In J. Mestre & B. Ross (Ed.),

Psychology of learning and motivation: Cognition in education (Vol. 55, pp. 1-36). https://doi.org/10.1016/B978-0-12-387691-1.00001-6

Roediger, H. L., & Pyc, M. A. (2012). Inexpensive techniques to improve education: Applying cognitive psychology to enhance educational practice. *Journal of Applied Research in Memory and Cognition*, *1*(4), 242-248. https://doi.org/10.1016/j.jarmac.2012.09.002

Rowland, C. A. (2014). The Effect of Testing Versus Restudy on Retention: A Meta-Analytic Review of the Testing Effect. *Psychological Bulletin*, *140*(6), 1-32. https://doi.org/10.1037/a0037559

Smolen, P., Zhang, Y., & Byrne, J. H. (2016). The right time to learn: mechanisms and optimization of spaced learning. *Nat Rev Neurosci*, *17*(2), 77-88. https://doi.org/10.1038/nrn.2015.18

Tullis, J. G., & Maddox, B. (2020). Self-reported use of retrieval practice varies across age and domain. *Metacognition and Learning*, *15*, 129-154). https://doi.org/10.1007/s11409-020-09223-x

Weinstein, Y., McDermott, K. B., & Roediger, H. L. (2010). A comparison of study strategies for passages: rereading, answering questions, and generating questions. *Journal of Experimental Psychology. Applied*, *16*(3), 308-316. https://doi.org/10.1037/a0020992

Yang, C., Luo, L., Vadillo, M. A., Yu, R., & Shanks, D. R. (2021). Testing (quizzing) boosts classroom learning: A systematic and meta-analytic review. *Psychological Bulletin*, *147*(4), 399-435. https://doi.org/10.1037/bul0000309

Yang, C., Sun, B., Potts, R., Yu, R., Luo, L., & Shanks, D. R. (2020). Do working memory capacity and test anxiety modulate the beneficial effects of testing on new learning? *Journal of Experimental Psychology: Applied*, *26*(4), 724-738. https://doi.org/10.1037/xap0000278

LIÇÕES DA COMPAIXÃO PARA O CULTIVO DO BEM-ESTAR NO AMBIENTE ESCOLAR

Miriam Rodrigues

> O nascimento do pensamento é igual ao nascimento de uma criança: tudo começa com um ato de amor. Uma semente há de ser depositada no ventre vazio. E a semente do pensamento é o sonho. Por isso os educadores, antes de serem especialistas em ferramentas do saber, deveriam ser especialistas em amor: intérpretes de sonhos. (Rubem Alves, 2000, p.93)

Educação e compaixão, duas poderosas forças que, se aliadas, podem realmente transformar o mundo.

Ao final do ensino médio ou até mesmo da graduação, os jovens perceberão, ao entrarem em suas experiências adultas, que haverá um outro parâmetro de avaliação; não se trata de notas, trabalhos ou projetos. A métrica passará a ser dois elementos: a qualidade de seu caráter e a qualidade de seu trabalho (Berger, 2019). Nesse cenário, a compaixão pode ser vislumbrada como o elemento central para costurar tais métricas que acompanharão os jovens pelo resto de suas vidas.

Durante séculos, essa emoção foi explicada somente no contexto religioso. Todavia, agora, estimulados pelo movimento da psicologia positiva que tem como espinha dorsal o estudo dos elementos salutogênicos dos seres humanos, a compaixão, enquanto constructo, ganha destaque em linha de pesquisas de importantes universidades ao redor do mundo.

E qual a razão de se pensar no cultivo da compaixão e da autocompaixão dentro do ambiente escolar? Primeiro, é necessário compreender que a frustração ocorre sempre que o indivíduo não tem um desejo ou uma necessidade atendida, ou se encontra privado de algo que lhe é devido. Esse estado emocional ocorre com todos os agentes escolares, seja a criança da educação infantil que se frustra por não conseguir brincar no parquinho, seja o adolescente que não é correspondido no sentimento de amizade de seus pares, ou mesmo o corpo docente que se vê sobrecarregado por suas demandas diárias.

Para engrossar ainda mais o "caldo" da frustração, a pandemia provocada pelo Covid-19 frustrou a população em seus desejos mais básicos, como no campo do relacionamento pessoal; o abraço, o contato físico. Frustrou também os planos feitos anteriormente, retirando todo senso de previsibilidade da população. Essa frustração de não suceder aquilo que se esperava obviamente também foi percebida nos ambientes de ensino, inclusive dentro de algo tão essencial como o calendário escolar.

Em um estudo conduzido por Reis &Andrade (2020), foi investigado quais são as emoções de professores e alunos diante da reorganização do calendário escolar que suspendeu o ensino em sala de aula durante o isolamento social necessário para conter o progresso da Covid-19. Como resultado, mostrou que professores e alunos apresentaram três emoções diferentes: medo, tristeza e frustração. Nesse estudo, o medo foi conceitualizado como um sentimento que proporciona um estado de alerta; a tristeza como sentimento que reduz a capacidade de agir; e a frustração como um estado emocional que acompanha a interrupção de um comportamento motivado, ou seja, um estado psicológico que resulta do bloqueio da motivação, causado por qualquer barreira que o impede de alcançar um projeto ou objetivo esperado.

Por essa e tantas outras razões, foi necessário trazer a luz a compaixão e autocompaixão como uma estratégia de enfrentamento saudável.

A importância da compaixão é amplamente reconhecida e está recebendo cada vez mais atenção nas pesquisas científicas (Strauss et al., 2016). Desse modo, a literatura recente, ajuda a esclarecer o termo e aponta os benefícios que traz para uma vida com bem-estar, contribuindo para a construção de uma relação saudável com os outros e consigo mesmo.

A compaixão, em sua essência, é uma emoção social e relacional baseada em um senso de conexão; preocupada com a prevenção e com alívio ou eliminação do sofrimento dos outros (Jimenez, 2009).

Para Strauss et al. (2016), a compaixão é composta por cinco elementos: 1) reconhecer o sofrimento; 2) compreender a universalidade do sofrimento humano; 3) sentir pela pessoa que sofre; 4) tolerar sentimentos incômodos; 5) motivação para agir/aliviar o sofrimento.

De modo semelhante, Gilbert (2009) elenca seis atributos para discutir a compaixão: 1) sensibilidade; 2) simpatia; 3) empatia; 4) motivação/cuidado; 5) tolerância ao sofrimento; 6) não julgamento.

> A compaixão pode envolver uma variedade de sentimentos, pensamentos e comportamentos, como aqueles voltados a nutrir, cuidar, proteger, resgatar, ensinar, orientar, aconselhar, acalmar e oferecer sentimentos de aceitação e pertencimento, a fim de beneficiar o alvo dos cuidados. (Gilbert, 2020, p. 116)

Wong (2006) define a compaixão como um constructo multifacetado que sobrepõe a bondade amorosa, o cuidado e o comportamento social. Segundo Niemiec, Ebers e Jacinto (2021, p. 293), o campo de estudo nessa perspectiva é vasto e uma miríade de teorias foi desenvolvida acerca de sua natureza.

Para os desenvolvedores do Treinamento de Cultivo da Compaixão de Stanford (Jazzieri et al., 2013), a essência da compaixão envolve campos variados de quatro elementos chaves: 1) bondade/consciência do sofrimento - componente cognitivo empático; 2) preocupação associada a ser tocado emocionalmente pelo sofrimento - componente afetivo; 3) desejo de aliviar o sofrimento - componente intencional; 4) prontidão para ajudar a aliviar o sofrimento - componente motivacional.

Compaixão é, então, a disposição interna de se perceber o sofrimento do outro e ter um desejo genuíno de aliviá-lo. Pesquisas acerca da compaixão apontam sua relação com o bem-estar psicológico e com a saúde física, bem como com o comportamento pró-social e a socialização positiva.

Para Dalai Lama, um obstinado defensor da cultura compassiva, proclama a necessidade de se reinventar a educação:

> A ciência pode atingir uma parcela muito maior da humanidade do que qualquer fé religiosa. A educação contemporânea não traz paz interior e nem princípios morais. Não podemos mudar isso à força, e sermões religiosos não são capazes de alcançar os bilhões de pessoas do planeta, sem contar os céticos. A única maneira é por meio de uma educação que mire o bem universal: todo mundo quer ser feliz. (Dalai Lama, 2016, p. 65)

A compaixão no ambiente escolar deve abordar tanto o corpo discente quanto o docente, fazendo parte da cultura educacional. Uma pesquisa realizada em Israel, com 226 professores, mostrou que as expressões de compaixão de professores e diretores estão relacionadas positivamente ao senso de vigor emocional dos professores, compromisso organizacional e satisfação no trabalho e, negativamente, ao esgotamento do professor (Eldor & Shoshani, 2016). A compaixão tem, inclusive, um papel crucial para enfrentamento das condições de ensino estressantes inerentes à profissão – o que parece ser um fator de proteção à saúde psicológica, ao contrário do narcisismo, tão incentivado pela sociedade contemporânea.

Um estudo transversal que investigou a relação entre narcisismo, autocompaixão e esgotamento escolar em uma grande amostra de estudantes universitários dos EUA, demonstrou que o narcisismo estava associado ao esgotamento escolar, à ameaças mal adaptativas e à sistemas autocalmantes disfuncionais (Barnett & Flores, 2016).

A compaixão pode ser a habilidade necessária para combater os problemas contínuos de burnout dos educadores, além daqueles de bullying e cyberbullying, tão presentes nas escolas.

De acordo com Paul Gilbert (2020, p. 173):

> Se a ciência continuar a mostrar que um dos componentes do bem-estar é a capacidade de amar e ser amado, de cuidar e ser cuidado, nossas terapias, intervenções e treinamentos psicológicos ficarão cada vez mais focados nisso, seja em nossas clínicas, escolas ou locais de trabalho.

COMPAIXÃO NAS ESCOLAS

Essa seção tem como objetivo sugerir formas de se nutrir a cultura escolar pautada na compaixão. As ações devem ser contínuas e incentivada a participação de professores, alunos e todos os agentes escolares.

Recursos para ilustrar e promover o aprendizado da compaixão devem incluir: a) supervisão; b) discussão em grupo e rodas de conversa; c) apresentação de vídeos; d) palestras; e) promoção de habilidades colaborativas; f) elaboração de projetos; g) treinamento.

TRÊS ELEMENTOS CHAVES DE UM ACOLHIMENTO COMPASSIVO

Onde há pessoas, há conflito. Primeiramente, não se deve negar o conflito e sim enxergá-lo como uma possibilidade para a "alfabetização compassiva". O educador deve estar atento para demonstrar tanto para o corpo discente quanto para seus pares (Stellar & Keltner, 2014):

a) Sinais verbais e não verbais de demonstração de interesse, cuidado e gentileza. Tais ações de demonstrar a intenção de se aliviar o sofrimento são tranquilizadoras, pois diminui a sensação de desamparo.

b) Compartilhamento de afeto positivo (como a tranquilidade), que estimula o gostar e a conexão.

c) Demonstração de segurança e confiança por meio do toque. O toque é um componente essencial da expressão da compaixão e tem sido constatado, especialmente em tempos angustiantes, sua capacidade de reduzir os níveis de cortisol no corpo (Francis & Meaney, 1999), além de ativar áreas cerebrais associadas à recompensa (Rolls, 2000).

RECOMENDAÇÕES PARA CULTIVAR A COMPAIXÃO NA SALA DE AULA

Os professores podem dedicar alguns minutos de suas aulas para ajudar os alunos a prestarem atenção em sua respiração e em seguida a respirarem lenta e profundamente, chamando esse momento de pausa compassiva. Feito essa prática de respiração consciente, o educador incentiva os alunos a perceberem onde está sua atenção (passado, presente, futuro).

"Preste atenção no que você está pensando nesse momento" "é a lembrança de um fato que já aconteceu?", "É uma situação que ainda não aconteceu?". Com uma fala gentil e pausada, o professor incentiva a sala a redirecionar sua atenção de volta para o momento presente. "Nesse momento, preste atenção nos sons dessa sala, é confortável, é desconfortável? Preste atenção se está frio ou calor, o que você está sentindo nesse momento?".

Os exercícios e atividades podem ser estruturados ou formais de atenção plena ou atividades informais, por exemplo, verificações de atenção intermitentes quando os alunos ouvem um sino (Jazaieri, 2018). A intenção é que se aprendam a utilizar da pausa compassiva para acalmarem sua mente/coração e receberem uma emoção positiva, como a serenidade.

Os educadores devem elucidar os alunos sobre o que é compaixão – uma vez que a palavra "compaixão" não é bem compreendida e muitas vezes suas ações são confundidas com comportamentos que dela se distancia, como por exemplo a pena. Como fazer? Uma alternativa é promover discussões em grupos pequenos ou grandes, como assembleias, com perguntas norteadoras, ajudando os alunos a identificar quando eles têm ou não o reconhecimento do sofrimento da situação apresentada.

- Se sentem emocionalmente movidos pelo sofrimento
- Se desejam o fim desse sofrimento
- Se sentem motivados a agir para aliviar esse sofrimento.

O educador deve sempre levar em consideração os três elementos-chave do comportamento compassivo, descrito anteriormente neste capítulo. Os professores também podem ajudar os alunos a desenvolver habilidades e recursos em sala de aula para cultivar aspectos de compaixão por meio de diários, desenhos, cartazes, etc. Para apoiar esses esforços, os professores podem permitir tempo em sala de aula para que os alunos compartilhem suas próprias experiências com compaixão – seja compartilhando sucessos ou fracassos de compaixão em torno das várias formas do sentimento, por exemplo, compaixão por si mesmo, compaixão pelos outros, receber compaixão dos outros, testemunhar a compaixão entre os outros etc (Jazaieri, 2018).

Vale destacar que o educador é um modelo poderoso de compaixão. Talvez, na vida de alguns alunos, seja o único modelo. Se o aluno não vivenciar uma cultura compassiva na escola, talvez não vivencie em outro lugar.

Quer seja o aluno discutindo sobre uma série ou um aluno compartilhando o sofrimento que está experimentando em casa, os professores têm a oportunidade de acolhê-lo com a postura compassiva e dar-lhe um exemplo de como é a compaixão em situações difíceis. É preciso lembrar que a compaixão não significa dar ao aluno o que ele quer (por exemplo, mudar sua nota ou resolver os problemas que estão acontecendo em casa), mas a compaixão, conforme definida neste artigo, tem a oportunidade de promover uma maior conexão e permitir que o outro não se sinta desamparado.

AUTOCOMPAIXÃO

É preciso cuidar do professor e reconhecer a importância de se cuidar e se atentar a sua saúde emocional, visto que se encontram em constante sensação de ameaça e perda de controle, o que funciona como agente estressor (Meleiro, 2002). Os principais sintomas presentes observados são: sensação de desgaste físico constante, cansaço frequente, tensão muscular, problemas com a memória, irritabilidade excessiva e sem causa aparente, angústia/ansiedade diária, pensar constantemente em um só assunto (Goulart Junior & Lipp, 2008).

A ideia de se cultivar a autocompaixão é de se ter e fortalecer um aliado interno que estará sempre disponível e enfraquecer o carrasco interno que, com suas declarações críticas, formam uma fonte interna de stress.

A autocompaixão tem por premissa os mesmos princípios que a compaixão, ou seja, o reconhecimento do sofrimento e o desejo genuíno de aliviá-lo, mas dirigida para si mesmo, com a conexão de querer bem e tratar com afeto a si mesmo. Isso rompe uma tendência negativa tão comum na sociedade que é a de inflar o ego e rebaixar o outro para se sentir melhor.

Segundo Neff (2017), autocompaixão envolve querer saúde e bem-estar para si, conduzindo a um comportamento proativo em que se busca melhorar a situação e não permanecer na passividade. Envolve considerar os próprios problemas tão importantes quanto os problemas dos outros, dignos de serem atendidos e aliviados com afeto. "Está bem difícil agora. Como posso me cuidar e me confortar nesse momento?", "O que necessito nesse momento?", "O que eu gostaria de ouvir?".

É dirigir-se a si mesmo com a mesma gentileza e carinho que se dirige a um amigo querido. Usando um tom de voz compassivo, palavras acolhedoras e o toque gentil. É oferecer a si carinho e compreensão consistentes com o sentimento de que se é digno de atenção e aceitação. É deixar envolver-se no abraço caloroso da autobondade para se sentir seguro e protegido. Desse modo, é possível aprender que a ajuda está sempre à mão (Neff, 2017).

Os três componentes da autocompaixão proposto por Neff (2017) se fundamenta nas pesquisas científicas sobre o tema:

Autobondade: ser gentil, educado e compreensivo consigo mesmo, sem fazer críticas e julgamentos duros.

Humanidade compartilhada: reconhecimento da humanidade em comum, ver a própria experiência humana de modo não isolado e personalizado.

Atenção plena: manter a experiência na consciência equilibrada, sem ignorar a dor ou exagerá-la.

ATIVIDADES PARA SE TRABALHAR A AUTOCOMPAIXÃO

As atividades apresentadas a seguir devem ser ensinadas não somente aos alunos, mas também aos professores, para que todos possam aprender formas de autocompaixão.

Melhor de si: Dedique alguns minutos para focar sua atenção em sua respiração. Deixe que lhe venha à mente uma ocasião em que você tenha se sentido compassivo, dando o melhor de si, querendo ajudar alguém muito querido. Conecte-se com essa emoção. Agora, pense em um tom de voz emocional acolhedor e o direcione até você, dando o que você tanto merece e necessita: o cuidado gentil de seu melhor eu. Deixe-se tomar por essa expressão compassiva. Coloque a mão em seu coração e lhe diga palavras acolhedoras, assim como você diria para um amigo querido.

Ser gentil consigo mesmo: A prática constante do automonitoramento é um passo importante para sedimentar a ação compassiva.

Data	Situação (o que aconteceu)	Sentimentos (o que sentiu, localização no corpo e a intensidade)	Olhar de gentileza (imagine uma pessoa amorosa, seu tom de voz que lhe orienta para a correção compassiva)

Lugar seguro: Feche os olhos e se imagine em um lugar seguro e protegido. Esse lugar é só seu, somente seu, onde você se sente completamente seguro para dar e receber aquilo que tanto necessita. Agora, imagine um ser vivo que lhe faz sorrir. Conecte-se com essa emoção positiva. Deseje a ele que ele possa estar livre do sofrimento, que ele possa estar livre das causas do sofrimento. Logo em seguida, expanda esse desejo genuíno a você. Deseje que você se sinta livre do sofrimento. Que você se livre de todas as causas de seu sofrimento. Agradeça a seu lugar seguro e por essa experiência de se dar e receber o que tanto necessitava.

CONSIDERAÇÕES FINAIS

Os corações estão machucados e feridos, e precisam ser acalentados. Somente a compaixão e a autocompaixão podem abraçar a dor e eliminar o sofrimento para, então, construir uma educação com mais bem-estar e felicidade. A escola e seus agentes precisam ser vistos e cuidados, uma vez que estão lidando continuamente com pequenas e grandes frustrações. Pode-se chamar de pequenas, aquelas do dia a dia: a música na aula de artes que não tocou na hora certa, o suco que caiu e manchou a blusa, o esquecimento de um material... agora as grandes frustrações, despertam a impotência e o sentimento de estar preso em um sistema que parece ser sem solução, como ver o descaso com o sistema educacional. Todas as frustrações devem ser acolhidas, e a compaixão, é o "abraço no coração" tão necessário para aliviar o sofrimento e trazer um pouco de emoções positivas, como a esperança, para o ambiente escolar.

> Por que não olharmos com mais atenção e positividade para essa instituição que é tão importante na constituição do indivíduo? Por que não aprender a ser feliz na escola? Por que não aprender habilidades para o bem-estar na escola? Aprender a ser feliz é uma relação ganha-ganha: os professores estarão aprendendo, as crianças também, e assim, os relacionamentos interpessoais serão fortalecidos. E é a partir de transformações de posturas diante da vida que conseguiremos modificar a sociedade. (Rodrigues, 2015, p. 15)

A compaixão é o elemento que permitirá revolucionar a educação e a sociedade. O mundo precisa de líderes compassivos, empresários compassivos, profissionais compassivos, pessoas compassivas; precisa de jovens que, ao entrarem na vida adulta, possam conduzí-las pela métrica da intenção/ação de se aliviar o sofrimento. Somente assim a qualidade de seu caráter e a qualidade de seu trabalho farão a diferença no mundo.

"A vida é só uma sequência de momentos. Se encadearmos essas sequências, a vida muda" (Davidson, 2018).

REFERÊNCIAS

Alves, R. (2000). *A alegria de ensinar*. Papirus

Barnett, M. D., & Flores, J. (2016). Narcissus, exhausted: self-compassion mediates the relationship between narcissism and school burnout. *Personality and Individual Differences*, *97*, 102-108. http://doi.org/10.1016/j.paid.2016.03.026

Berger, R. (2019). *Project based learning: a guide to standards-focused project-based learning for middle and high school teachers*. Buck Institute for Education.

Davidson, R. (2018). A base de um cérebro saudável é a bondade – *Portal Raízes*. https://www.portalraizes.com/richard-j-davidson/

Eldor, L., & Shoshani, A. (2016). Caring relationships in school staff: Exploring the link between compassion and teacher work engagement. *Teaching and Teacher Education*, *59*, 126-136. https://doi.org/10.1016/j.tate.2016.06.001

Francis, D., & Meaney, M. J. (1999). Maternal care and the development of stress responses. *Development*, *9*, 128-134. https://doi.org/10.1016/s0959-4388(99)80016-6

Gilbert, P. (2009). *The compassionate mind: a new approach to life's challenges*. Constable.

Gilbert, P. (2020). Terapia focada na compaixão. Hogrefe.

Goulart Junior, E., & Lipp, M. (2008). Estresse entre professoras do ensino fundamental de escolas públicas estaduais. *Psicologia em Estudo*, *13*(4), 847-857. https://doi.org/10.1590/S1413-73722008000400023

Jazaieri, H. (2018). Compassionate education from preschool to graduate school: Bringing a culture of compassion into the classroom. *Journal of Research in Innovative Teaching & Learning*, *11*(1), 22-66. https://doi.org/10.1108/JRIT-08-2017-0017

Jimenez, S. (2009). Compassion. In S. J. Lopez (Ed.). *The encyclopedia of positive psychology*. Blackwell Publishing.

Lama, D. (2016). Eduque o coração. In D. Goleman (Ed.). *Uma força para o bem: a visão do Dalai Lama para o nosso mundo*. Objetiva.

Meleiro, A. M. A. S. (2002). O stress do professor. In M. Lipp (Org.). *O stress do professor*. Papirus.

Neff, K. (2017). *Autocompaixão: pare de se torturar e deixe a insegurança para trás*. Lucida Letra.

Niemiec, R., Ebers, G., & Jacinto, A. M. F. L. (2021). Forças de Caráter e Compaixão na Psicoterapia Positiva. In M. Rodrigues, & D. S. Pereira. (Orgs.). *Psicologia Positiva: dos conceitos à aplicação*. Sinopsys Editora.

Reis, N., Oliveira, C. C., & Andrade, A. G. (2020). Covid-19 e o Calendário Escolar Brasileiro: medo e frustração. *Revista Inovação Social*, 2(1), 52-68. https://mpra.ub.uni-muenchen.de/100800/

Rodrigues, M. (2015). *Educação Emocional Positiva: saber lidar com as emoções é uma importante lição*. Sinopsys Editora.

Rolls, E. T. (2000). The orbitofrontal cortex and reward. *Cerebral Cortex, 10*(3), 284-294. https://doi.org/10.1093/cercor/10.3.284

Stellar, J. E, & Keltner, D. (2014) Compassion. In M. Yugade, M. N. Shiota, & L. Kirby (Orgs.). *Handbook of Positive Emotions.*The Guilford Press.

Strauss C., Lever Taylor B., Gu J., Kuyken W., Baer R., Jones F., & Cavanagh K. (2016). What is compassion and how can we measure it? A review of definitions and measures. *Clinical Psychology Review*, *47*, 15-27. https://doi.org/10.1016/j.cpr.2016.05.004

Wong P. T. P. (2016). Meaning-Seeking, Self-Transcendence, and Well-being. In A. Batthyány (Ed.). *Logotherapy and Existential Analysis. Logotherapy and Existential Analysis: Proceedings of the Viktor Frankl Institute Vienna* (Vol. 1, pp. 311-321). Springer. https://doi.org/10.1007/978-3-319-29424-7_27

FRUSTRAÇÃO NO RELACIONAMENTO ENTRE ALUNOS E PROFESSORES

Karen Morais Silva

É sabido que o relacionamento entre alunos e professores pode influenciar a motivação e o engajamento dos estudantes em sala. Não é incomum ouvirmos relatos de que o comportamento dos professores são grandes fontes de frustração para o aluno, o que desencadeia seu afastamento e diminuição do interesse pela matéria. Esses problemas de relacionamento contemplam um cenário bastante corriqueiro e muitas vezes pequenas atitudes dos professores podem tornar essa dinâmica mais funcional e positiva. O desenvolvimento de uma relação amistosa e respeitosa pode aproximar o aluno e afetar positivamente seu desempenho, sendo uma ferramenta efetiva de resgate e conexão.

Neste capítulo, vamos abordar a necessidade do professor promover um relacionamento positivo com seus alunos, bem como algumas alternativas de práticas para essa construção.

Com certeza em sua história de vida você se lembra de um professor que foi significativo e talvez tenha deixado a matéria mais interessante ou menos aversiva, não é mesmo? Eu mesma tive algumas experiências de conexão afetiva com alguns professores, que com certeza fizeram muita diferença no meu processo de aprendizado, aumentando minha motivação e disposição para superar alguma dificuldade. Esses professores que conseguiram se conectar comigo marcaram o momento em que estava vivendo e minhas memórias também, pois lembro-me de cada um com muito carinho até hoje.

Antes de entendermos quais ações dos professores podem gerar frustração nos alunos, e quais ações podem ser positivas e tornar o relacionamento mais saudável, precisamos entender um pouco sobre comportamento humano.

Vamos abordar alguns conceitos que vão nos ajudar na construção dessa reflexão.

COMPREENDENDO O COMPORTAMENTO HUMANO

Resumidamente, a psicologia compreende três fatores que influenciam no comportamento humano: a herança genética e os comportamentos que temos como espécie (filogênese), a história de vida do indivíduo (ontogênese) e as influências culturais presentes naquele grupo social em que a pessoa vive (cultura). Pensando nesses três fatores, podemos entender que o relacionamento em sala de aula está inserido na cultura, trazendo para o aluno aspectos de influência sobre seu comportamento, além de fazer parte de sua história de vida.

COMO OS COMPORTAMENTOS SÃO INFLUENCIADOS

Comportamentos são respostas de diversas relações com o ambiente; não existe comportamento sem conexão ambiental, assim como não existe comportamento que acontece "do nada". Para compreendermos como os comportamentos são influenciados precisamos pensar em três aspectos que compõem o que chamamos de contingência: a resposta do indivíduo, o antecedente (o que aconteceu antes do comportamento) e as consequências que a ação irá gerar no ambiente.

Os antecedentes podem ser compreendidos como gatilhos, aspectos do ambiente e das relações interpessoais que propiciam o cenário para que o comportamento aconteça, por exemplo, se analisarmos o comportamento de uma pessoa de beber água. Como antecedente poderemos ter: acesso à água, sensação de sede ou uma orientação médica para que consuma mais água, desconforto na garganta etc.

Quando falamos sobre resposta do indivíduo englobamos ações, reações, falas, emoções, sentimentos e pensamentos, ou seja, toda ação publicamente observável ou não de uma pessoa.

As consequências são alterações no ambiente que o comportamento produz, que estão relacionadas à manutenção desse comportamento; basicamente se ele funcionou ou não. Como consequência poderemos ter alterações que reforcem o comportamento, isto é, que o deixe mais fortalecido e com mais probabilidade de acontecer novamente, ou consequências que reduzam a chance desse comportamento se repetir. No mesmo exemplo do comportamento de beber água, podemos ter como consequência reforçadora o alívio do desconforto da sede ou o cumprimento da recomendação médica.

COMO OS COMPORTAMENTOS SÃO APRENDIDOS

Já entendemos sobre as contingências dos comportamentos, como são evocados e como são mantidos. Agora, como os comportamentos são aprendidos? Em resumo, temos três formas de aprender novos comportamentos, 1) através da observação do outro e a imitação, o que chamamos de modelo de comportamento; 2) através das consequências; e 3) através de instrução, quando lemos um livro, um manual ou recebemos instruções verbais de como fazer algo.

OS SENTIMENTOS

Muitas pessoas acreditam que os sentimentos são fenômenos abstratos, que ocorrem em algum lugar escondido na mente humana, quase que por vontade própria e com grande poder de direcionar nossas ações. Essa ideia pode dificultar o entendimento de alguns processos e até de algumas reações que temos ao sentir algo. Por esse motivo, é importante entender a construção do sentimento, que é bastante concreta.

O sentimento gera sensações e alterações no nosso corpo. O medo, a raiva e a ansiedade, por exemplo, trazem algumas alterações físicas, como aceleração do batimento cardíaco, respiração ofegante, tremor, entre outros que são relatados. A essas manifestações físicas damos o nome de eventos privados; acontecem embaixo de nossa pele e nem sempre são perceptíveis ao outro.

O sentimento é físico e concreto, e não só uma construção de palavras e significados abstratos. A partir dessa ideia, podemos analisar e compreender porque sentimentos podem ser aversivos. A depender do sentimento, ele pode trazer diversas sensações físicas desagradáveis e intensas que naturalmente tentaremos evitar ou fugir.

Por exemplo, uma criança que tem medo de um animal, ao entrar em contato com ele, seja visualmente ou muitas vezes através da imaginação, a criança terá respostas físicas privadas de: aceleração do batimento cardíaco, respiração ofegante, tremor, frio na barriga e, por isso, seu corpo irá se preparar para enfrentar uma batalha, ou fugir do animal temido. Essa resposta está relacionada aos comportamentos que foram selecionados na evolução da espécie; não são comportamentos de apenas um indivíduo, mas sim de toda a humanidade. Ao sentir medo, reagimos dessa forma por instinto de sobrevivência. O que muda de pessoa para pessoa é o que nos causa medo, que está relacionado com a nossa história de vida e com o que aprendemos em nossa cultura.

Desse modo, podemos compreender que essa criança que teme o cachorro irá naturalmente evitar o contato com o animal, para evitar todos esses eventos aversivos internos.

Esses conceitos anteriores, brevemente descritos, serão importantes para a compreensão das relações interpessoais e para o entendimento de como elas afetam o mundo privado dos seus alunos.

Para aprender algo é preciso assumir uma postura de aprendiz, ocupando o lugar de "não saber" com a disponibilidade para se abrir ao conhecimento. Esse processo necessariamente exige algum grau de confiança e entrega ao outro, pois implica se expor, mostrar suas vulnerabilidades e assumir que não sabe. Sendo assim, podemos compreender o quanto o relacionamento pode afetar o envolvimento do aluno em sala de aula, não é mesmo? Se o aluno não se sente acolhido, seguro e confiante o suficiente na relação, naturalmente ele terá mais dificuldade em expor suas vulnerabilidades e se abrir ao processo de aprendizagem. Quanto mais o comportamento do professor for punitivo, rígido, ríspido ou sarcástico mais o aluno poderá experimentar aquelas sensações aversivas que discutimos, provocando o afastamento como mecanismo de defesa. Essas sensações físicas podem vir acompanhadas de sentimentos como raiva, tristeza, frustração, ansiedade, medo, entre outros.

Seguindo a mesma lógica, um aluno que é pouco validado e pouco reconhecido em seu esforço também experimenta maiores níveis de frustração, consequentemente afetando sua motivação e sua autoconfiança.

Frequentemente vemos relatos de professores cansados de lidar com questões emocionais de seus alunos, histórias pessoais que perpassam o portão da escola e a porta da sala de aula e alteram todo o funcionamento cognitivo e de aprendizado daquele aluno. É importante entender que muitos dos comportamentos compreendidos como inadequados são reflexos de questões muito profundas e que afetam o funcionamento do aluno. É como um iceberg que podemos ver apenas o topo, mas não o conhecemos por inteiro e não sabemos sua profundidade.

A RELAÇÃO EM SALA DE AULA

O psicólogo Rudolf Dreikurs (1991) comenta que uma criança que se comporta mal é uma criança desencorajada. Essa é uma bela maneira de olharmos os comportamentos que podemos classificar como inadequados ou indesejados. Entender a função, a contingência e a história daquele comportamento ajuda muito na nossa relação com esse aluno, que por muitas vezes está passando por alguma dificuldade e precisa de apoio.

Em muitos momentos, as famílias ou os professores nos procuram no consultório de psicologia para ajudá-los a conter um comportamento desafiador de uma criança, visto como falta de educação ou falta de limites. Porém, ao conhecer a história e lançarmos um olhar amplo, entendemos aquele "mau comportamento" como uma tentativa de comunicação, um pedido de ajuda; somente a ponta do iceberg aparecendo. Na estrutura desse iceberg, podemos encontrar algumas questões como: necessidade de atenção e aceitação, busca por pertencimento e valorização, necessidade de reconhecimento pelo seu esforço, falta de conhecimento e consciência das próprias emoções, falta de repertório para lidar com as emoções, impacto de agressões verbais ou psicológicas, comportamento aprendido na família ou no grupo social, etc. Analisando o ser humano em sua totalidade é mais fácil entender porque atuar apenas na ponta do iceberg pode não ser eficiente.

Imagine um aluno que traz comportamentos de desinteresse durante a aula e faz as atividades pela metade. O professor, incomodado com esse padrão de comportamento, procura lançar mão de falas que movimentem e impactem esse aluno. O professor, então, refere-se ao aluno em tom de brincadeira com um "apelido" de bicho-preguiça. Essa interação do professor pode parecer simples e inofensiva, mas pode gerar em seu aluno constrangimento. Além disso, o resultado do rótulo (veremos nos efeitos colaterais da punição) poderá ser bastante prejudicial, pois é considerado como uma punição.

Em outro exemplo, uma aluna com muitas dificuldades pedagógicas e de atenção, depende muito da mãe para fazer as tarefas corretamente e constantemente escuta broncas e sermões sobre como precisa se esforçar. Em um dado momento, a aluna faz sozinha suas tarefas e comete alguns erros. O professor, cansado de tanta displicência, chama sua atenção e aponta os erros com uma caneta vermelha, bem chamativa. Ao punir seu erro, podemos esquecer de valorizar o progresso, que é o fato de a aluna ter feito a tarefa sozinha, demonstrando o desejo e o esforço para realizar a atividade. Ao punir, podemos cair na armadilha de aumentar a frustração da aluna com os estímulos escolares, produzindo ainda mais afastamento, além da sensação de que "nunca é o suficiente".

Uma relação autoritária e punitiva, além de pouco eficiente, pode ser altamente nociva para o desenvolvimento dos alunos e do relacionamento em sala de aula. Esse comportamento vai na contramão do que o professor busca no relacionamento com seus alunos. Para tornar a discussão mais clara, vamos entender alguns conceitos a seguir.

O que é autoritarismo? É a relação baseada em ordens predefinidas e com pouco diálogo. Punições são aplicadas quando a regra não é cumprida. Geralmente, nesse modelo de relação, a criança não participa do processo de decisão das regras, ela apenas é comunicada – e algumas vezes isso nem mesmo acontece. A criança é mantida em um lugar de obediência, sem questionamentos e é frequentemente punida.

O que é considerado punição? É qualquer forma de agressão física, verbal e psicológica, ameaças, intimidações e privação de atividades ou objetos (castigos). Sarcasmos e ironias também são formas de punição veladas e disfarçadas de humor que causam os mesmos efeitos.

Como a punição pode ocorrer em sala de aula? Retirada do recreio ou de uma atividade prazerosa para a criança, bronca na frente dos colegas, palavras ofensivas e humilhantes, tom sarcástico ao responder a uma dúvida, exposição de uma dificuldade para a turma, etc.

Skinner (1967/1953), em seu livro *Ciência e Comportamento Humano*, trata a punição como uma ferramenta de caráter enganoso e capaz de trazer uma alteração imediata do comportamento, ainda que não duradoura. Historicamente e culturalmente, a punição se tornou uma ferramenta de educação muito utilizada, mas não é eficaz no estabelecimento de novos repertórios comportamentais e não são efetivas a longo prazo.

De modo geral, podemos compreender que a punição é rasa e limitada em sua profundidade, não ensina o comportamento correto e não traz efeitos emocionais positivos que sejam compatíveis com a motivação que precisamos para aprendermos novas formas de comportamento mais efetivas.

Muitas vezes, aquele pequeno e tímido progresso é o que de melhor o aluno pode fazer naquele momento, e, a depender da reação do professor, esse melhor pode ser valorizado e ganhar força ou, por outro lado, ser tratado como insuficiente. Se o aluno entende que seu maior e melhor esforço é insuficiente, estamos diante de uma grande fonte de frustração e rebaixamento de sua autoconfiança. É por esse motivo que falamos tanto sobre observar, valorizar e reconhecer os pequenos progressos; mesmo que pareçam ainda muito distantes do ideal, o aluno precisa ter acesso às consequências positivas para que se sinta motivado a continuar em seu maior e melhor esforço.

Em sala de aula, para ter o respeito dos alunos, o professor erroneamente pode aderir comportamentos punitivos e autoritários, com o intuito de ter menos interferência em sua aula e conseguir manter seu cronograma em dia. Partindo do foco centrado no conteúdo, o relacionamento com os alunos se torna desgastado e os efeitos colaterais da punição sobressaem, trazendo novos problemas. A seguir estão descritos possíveis efeitos colaterais da punição.

1. Estresse e aumento da agressividade: naturalmente a pessoa que recebe uma punição irá se defender, esquivando da punição e/ou atacando o agente punidor. Skinner (1982/1974) utiliza o conceito de contracontrole para explicar tal fenômeno.

2. Afastamento do adulto agressor: novamente com a intenção de se proteger e evitar futuras punições, a criança irá evitar o contato por medo e aversão que poderá sentir pelo agente punidor.

3. Modelo de resolução de conflitos: Anteriormente citamos as maneiras de aprender novos comportamentos, e um deles é através da observação e imitação do comportamento de outra pessoa; uma forma de aprendizado poderosa! Quando gritamos ou agredimos verbalmente uma criança estamos ensinando que é aceitável solucionar problemas desse modo, além de apresentar um padrão de comportamento a ser seguido.

4. A punição ensina a esconder e mentir: Frequentemente a punição só funciona quando o agente punidor está presente. Sendo assim, a criança se comportará de modo a evitar a punição se o adulto punidor estiver presente ou se puder ter acesso ao que ela fez. A punição não ensina como se comportar "corretamente", ela ensina apenas *o que evitar*.

5. Armadilha do castigo: A resistência da criança aumenta conforme sua experiência ao castigo. Dessa forma, o adulto tende a aumentar a gravidade da punição. Não é incomum recebermos pais que se queixam de já ter tirado todos os privilégios da criança e já não sabem mais como puni-la. O fato é que a criança se habitua com a punição e, para que produza o efeito que os adultos esperam, a punição gradativamente torna-se mais severa e mais restritiva, até chegar ao ponto de a relação estar drasticamente desgastada e tensa.

6. Quanto mais punimos, mais damos atenção ao comportamento indesejado: Esse é um grande paradoxo da punição; quanto mais observamos o comportamento indesejado da criança e atuamos sobre ele, mais atenção estamos dispensando naquilo que queremos evitar e maior esse comportamento se torna.

7. Diminuição da autoestima e da autoconfiança: Uma criança punida é uma criança que aprende a não fazer e evita se expor.

8. Resultado dos rótulos: criar estigmas e rotular o comportamento de uma criança (como chorona, bagunceira, preguiçosa, briguenta, etc) pode ter resultados contrários do que se espera. Dizer que aquela criança "é assim" torna maior a probabilidade da criança se comportar, de fato, dessa forma, reduzindo suas potencialidades e seu desenvolvimento. Além disso, frequentemente pessoas que foram muito rotuladas sentem-se inadequadas enquanto pessoas e invalidadas por serem quem são. Essa prática distancia a pessoa de seu comportamento e traz para ela conceitos positivos ou negativos "de ser".

9. Sentimentos aversivos: A criança não se sente compreendida e acolhida em suas dificuldades. Uma pessoa que é punida por mostrar uma dificuldade frequentemente tem sentimentos de raiva e insegurança na relação, além de se sentir frustrada e humilhada.

10. Não expressa cuidado e carinho: crianças punidas se sentem agredidas e inadequadas.

Entender todos os efeitos da punição traz luz para o caminho que trilhamos. No próximo tópico, abordaremos alternativas eficientes e práticas que nos ajudam a chegar em um relacionamento mais positivo e envolvente para as crianças.

ALTERNATIVAS POSITIVAS

Compreender a punição como um caminho cheio de armadilhas, nos torna mais sensíveis para buscar outro caminho mais produtivo e com resultados mais positivos. No campo da psicologia, temos alguns estudos sobre disciplina positiva, e comunicação não violenta que nos ajuda a buscar outras formas de comunicação e de manejar comportamentos adequadamente.

Primeiro precisamos buscar uma relação respeitosa com nossos alunos. Ser respeitoso não é ser permissivo, dar ou fazer tudo pelo outro, mas sim demonstrar gentileza e cuidado, preservando a dignidade da criança e conquistando sua cooperação. É necessário estarmos atentos e envolvidos com a criança. Estabelecer uma linguagem e postura afetiva na relação diminui significativamente a necessidade de autoproteção, amenizando as sensações aversivas. Partindo desse olhar mais humano e compassivo, temos mais chances de acessarmos o restante do iceberg, e não somente a sua superfície. Por consequência, podemos nos conectar com o ser humano por completo e com respeito, de forma mais eficiente.

Para aumentar a motivação de uma pessoa podemos realizar alguns manejos comportamentais que visam principalmente a atuação no antecedente e na consequência do comportamento. Manejos no antecedente criam um ambiente mais prazeroso e respeitoso, aumentando a probabilidade de respostas mais cooperativas. A seguir, citamos alguns desses manejos.

1. Envolver a criança no estabelecimento das regras, trazendo-a para a reflexão e promovendo um espaço de escuta, acolhimento e reconhecimento das falas das crianças.
2. Apresentar escolhas limitadas ao invés de decretar algo ou ter amplitude demais. Por exemplo, a criança pode escolher entre duas ou três opções, ao invés de ter um leque extenso de alternativas ou de apenas obedecer um decreto que ela não compreende.
3. Estabelecer regras claras: imagine que você está em um local onde precisa seguir algumas regras, mas que não foi comunicado sobre elas. Sem esperar, você recebe punições ou aprovações que parecem aleatórias, mas o fato é que o responsável por aquele local não ofereceu as instruções necessárias. É exatamente assim que as crianças se sentem quando as regras do ambiente não são

claras e bem estabelecidas – regras que não possuem consistência e mudam frequentemente, ou regras que não são ditas claramente. É preciso entender que nossa comunicação pode ser falha se contarmos apenas com a interpretação de uma instrução vaga. Se dissermos "comporte-se", o que isso pode significar? Talvez para cada pessoa signifique um conjunto de comportamentos específicos. Em vista disso, é de suma importância que a criança tenha acesso à regra detalhada, como: "não risque a parede e sente-se na cadeira, mantendo os pés no chão".

> Passos para uma comunicação clara: 1. Diga o que a criança deve fazer (guarde os materiais em sua mochila...); 2. Explique rapidamente (...porque precisamos organizar sua carteira...); 3. Mostre as consequências (...você pode perder algum material...), 4; apresente alternativas (...você pode começar pelas suas canetas e depois seus cadernos). (Nelsen, 1981/2015).

4. Ser gentil e firme ao mesmo tempo é uma grande referência da Disciplina Positiva apresentada por Nelsen (1981/2015). Uma boa maneira de colocar isso em prática é validar os sentimentos da criança, mostrando compreensão enquanto oferece uma alternativa para que o comportamento seja executado. Por exemplo: "Eu sei que você está cansado e quer parar de escrever agora. Sua mão está doendo, não é? O que acha de fazer um alongamento na mão para conseguir continuar?"; "Você quer sair agora e ainda não é o momento. Você quer ler um livro ou desenhar enquanto espera?". Lembre-se que a comunicação gentil favorece a aceitação da criança. A comunicação agressiva, por outro lado, afasta e frustra.

Sentir-se capaz é muito importante para o desenvolvimento emocional do ser humano. Deixe que façam atividades sozinhos, resolvam, ou proponham soluções para os problemas. Poupar as crianças de tudo gera fraqueza e faz com que se sintam incapazes.

A mudança não ocorre rapidamente, é necessário muito tempo, persistência, consistência e permanência para que a mudança aconteça de forma significativa. Não desanime, nem desista!

Manejos nas consequências estão relacionados à manutenção, modificação ou diminuição do comportamento emitido. Nosso foco, então, será sempre aumentar a probabilidade de respostas de cooperação e diminuir respostas de afastamento, o que irá enfraquecer o sentimento de frustração na relação. Frequentemente pais e professores perguntam: "E se a criança não cumprir a regra ou não fizer o que eu pedi utilizando todos os manejos nos antecedentes?". Pensando nisso, vamos expor a seguir algumas estratégias que podem ser utilizadas quando o comportamento indesejado acontece.

O primeiro passo é evitar punições (castigos, xingamentos, sermões, broncas). continuar um relacionamento respeitoso com o aluno. Lembre-se que uma das formas de aprendizado é por modelo (observação e imitação). Sendo assim, a maneira como o professor lida com essa situação se tornará um modelo para aquele aluno. Mesmo nesse momento estará ensinando.

Erros fazem parte do desenvolvimento humano e são oportunidades de aprendizado. Envergonhar a criança não ajuda, apenas afasta. Reaja de forma acolhedora, com compaixão e compreensão.

Quando necessário, aposte em consequências lógicas e não punitivas. As consequências precisam ter conexão com o comportamento e, logo, não faz sentido utilizar punições aleatórias que não têm conexão com a ação da criança. O resultado dessa punição não irá ensinar um novo comportamento. Portanto, quando a criança não finalizar a atividade em sala, por exemplo, o ideal é solicitar que ela entregue no dia seguinte, não a proibir do recreio ou envia-la para a diretoria.

Fazer perguntas favorece a reflexão e a autoavaliação. Ao invés de fazer xingamentos e dar broncas, utilize perguntas para compreender o que aconteceu e, assim, estimular a avaliação do aluno, respeitando sua inteligência e capacidade argumentativa. "O que aconteceu?"; "O que você entendeu dessa situação?"; "Esse problema pode ter uma solução positiva?"; "Como podemos aprender com isso?".

Quando limites forem ultrapassados e você se sentir desrespeitado por um aluno, essa comunicação também deverá ser realizada de modo respeitoso. Comunique seu desagrado com poucas palavras e conduza a criança a se acalmar e retomar o diálogo posteriormente. "Parece que estamos irritados agora, vamos conversar quando estivermos mais calmos"; "Eu me importo com você e quero que sejamos respeitosos um com o outro"; "Entendo o que você está sentindo, mas gostaria que você encontrasse uma forma mais respeitosa de falar comigo".

Ser respeitoso não significa "ganhar" a discussão, pelo contrário. O respeito está relacionado a posturas gentis que favorecem o diálogo sem embates ou enfrentamentos. O foco é construir reflexões e pontes!

Aposte sempre em consequências positivas: encorajar, valorizar, reconhecer, observar o progresso, comunicar satisfação. Essas práticas são como luzes que iluminam os comportamentos desejados, que consequentemente serão mais evidentes para a própria criança. Busque observar e valorizar pequenos progressos!

Essas práticas e reflexões contribuem para todas as relações humanas, e não somente em sala de aula. Podemos levar essas reflexões para nossa relação com nossos filhos e até mesmo com os adultos que convivem conosco! Afinal, somos todos humanos e buscamos sempre afeto em nossas relações.

REFERÊNCIAS

Baum, W. M. (1999). *Compreender o behaviorismo: comportamento, cultura e evolução*. Artmed.

Dreikurs, R., & Vicki, S. (1991). *Children: The Challenge*. New York Plume.

Nelsen, J. (2015). *Disciplina Positiva*. Editora Manole Ltda. (Trabalho original publicado em 1981).

Skinner, B. F. (1967). *Ciência e Comportamento Humano*. Editora da Unidade de Brasília. (Trabalho original publicado em 1953).

Skinner, B. F. (1982). *Sobre o behaviorismo*. Cultrix–Edusp. (Trabalho original publicado em 1974).

FRUSTRAÇÃO, AUTORREGULAÇÃO E ÉTICA

Rosana Zanella

Pretendo, neste capítulo, escrever sobre frustração a partir da história *A semente da verdade*, um conto oriental sobre ética e honestidade, recontado por Patrícia Engel Secco. A partir dele, discorrerei sobre autorregulação e tendência autoatualizante, trazendo também a história de Poliana, a menina que diante dos reveses da vida transformava em algo saudável: o jogo do contente.

Conta-se que:

> Thai era um menino que gostava de jardinagem e cultivava primorosamente cerejeiras, bambus, orquídeas e outras plantas. Passava horas cuidando de seu jardim. O imperador de seu país estava preocupado em definir quem o sucederia no trono pois ele não tinha filhos nem parentes próximos. Decidiu então convocar todas as crianças do reino para poder escolher quem assumiria o trono quando ele morresse. Às muitas crianças que compareceram ele pediu uma tarefa: distribuiu milhares de sementes e pediu para que elas as cultivassem durante um ano. A criança que após esse tempo levasse a planta mais bonita, mais bem cuidada seria o futuro imperador. Pediu-lhes também que observassem a semente para aprender uma grande lição. Thai ficou com o coração repleto de esperança. Ninguém sabia cultivar melhor uma semente do que ele. Porém, a chama da esperança começou lentamente a apagar. Thai adubou, regou, colocou o vaso no sol, mas nada acontecia. Um ano se passou e Thai passara esse tempo dedicando-se à sua semente mas ela nem sequer brotou uma folhinha que fosse. Frustrado, envergonhado, nem sentia vontade de comparecer ao evento do imperador. Foi seu avô que o convenceu a ir e dizer a verdade ao imperador. Ao chegar Thai ficou ainda mais frustrado e com muita vergonha pois era a única criança que

> não estava levando uma linda planta. O imperador chamava as crianças uma a uma e perguntava qual lição cada um aprendera, o que cada uma respondia ter aprendido sobre talento, perseverança e o dom para fazer a semente brotar. Apesar de tão lindas plantas, o imperador não esboçava contentamento. O pequeno Thai foi ficando para trás até que sua vez chegou. Com lágrimas nos olhos, frustrado, envergonhado e de cabeça baixa, Thai mostrou seu vaso ao imperador e disse que uma de suas virtudes era a perseverança, que havia se esforçado mas a semente não brotou. O imperador então sorriu e disse ao menino que não era a perseverança sua grande virtude, mas sim a verdade, a ética e a honestidade. Então o imperador contou a ele que havia distribuído sementes queimadas e que seria impossível brotarem. O imperador ficou muito satisfeito e nomeou o menino seu sucessor. Thai governou o reino por muitos e muitos anos e ficou conhecido por suas atitudes justas, honestas e éticas. Graças a seu avô, Thai soube colher os frutos da semente da verdade. (Secco, 2007, pp. 1-16)

Essa história folclórica, repleta de sabedoria, remete-nos às situações éticas, honestas, de perseverança, de verdade, de paciência e, porque não, de autorregulação frente a uma frustração. As outras crianças do reino não souberam ou não conseguiram lidar com a verdade de suas frustrações e tiveram uma atitude desonesta. Burlaram os resultados. Penso então nas histórias de vida de cada um. A forma com que uma criança é educada através de uma rede de apoio pode ajudá-la a desenvolver um autossuporte tal que frente a uma frustração ela se autorregule e tenha ajustamentos criativos para se desenvolver ou fique paralisada frente novos desafios. Em nossa história o avô de Thai foi um grande educador e orientador. Ao lhe oferecer suporte e amor, o menino foi capaz de entrar em contato com sua tristeza, mas também com suas possibilidades e sua ética, reconsiderando assim deixar de levar seu vasinho vazio.

Podemos observar que Thai entrou em contato com sua tristeza, ficou congruente com seus pensamentos e emoções e pode fortalecer-se para "enfrentar" sua verdade com o imperador. Essa atitude de congruência é para Rogers, citado por Fadiman (1986, p.229) ligada a um impulso natural inerente ao ser humano quando colocado em um ambiente amoroso, que é a tendência autoatualizante. "É este impulso que é evidente em toda vida humana e orgânica – expandir-se, estender-se, tornar-se autônomo, desenvolver-se, amadurecer - a tendência a expressar e ativar todas as capacidades do organismo na medida em que tal ativação valoriza o organismo ou o self". A tendência atualizante nos impulsiona ao crescimento e a entrarmos em contato com nossa competência a ser saudável. Rogers acredita na força e no potencial do ser humano. Podemos articular com nossa história na qual o pequeno Thai, estimulado pela relação amorosa com seu avô pode reconhecer-se como justo, trabalhador e verdadeiro. Novamente me reporto a Rogers quando ele diz que a tendência em direção à saúde pode ser facilitada por uma relação interpessoal saudável. Para Rogers, citado por Fadiman (1986, p. 230) afirma também que existem muitos obstáculos para esse crescimento:

> Rogers sugere que os obstáculos aparecem na infância e são aspectos normais do desenvolvimento. O que a criança aprende em um estágio como benéfico deve ser reavaliado nos estágios posteriores: Motivos que predominam na primeira infância, mais tarde podem inibir o desenvolvimento da personalidade.

Crianças querem ser amadas e introjetam ações e pensamentos para agir de forma que sejam aceitas, embora incongruentes com seus sentimentos. Quantos "engolem" uma frustração para poder ter uma promessa de afeição? Esse obstáculo pode persistir na vida adulta e levar a uma existência inautêntica, distorcendo experiências. Sim, lidar com frustrações e dificuldades não é tarefa fácil.

Vamos assim fazer um paralelo com as crianças, jovens e adultos que acompanhamos em nosso trabalho. Qual é a atitude que mais observamos diante de uma frustração? O que aconteceria se submetêssemos nossos jovens a uma experiência como a da *Semente da verdade*? Quantos de nossos jovens teriam uma atitude honesta e pacienciosa? Por outro lado quantos agiriam de forma a burlar os resultados e assim obterem uma recompensa mais rápida? Seria uma proposta instigante nos dias atuais. A tendência atualizante, proposta por Rogers é segundo ele mesmo sabotada, reprimida, distorcida por forças que pode manter a incongruência e que a pessoa deve alcançar para desenvolver-se.

Mas a frustração é importante para o desenvolvimento! Vejamos o que diz a revista Brasil Escola:

> Apesar de parecer um sentimento decorrente de situações de fracasso, a frustração é de extrema importância para a constituição psicológica dos indivíduos. Alguns autores descrevem a frustração como necessária ao desenvolvimento infantil. Em níveis suportáveis, a falta, a carência ou a desilusão estão associadas ao desenvolvimento da capacidade de adiar gratificações, que é fundamental para a vida em sociedade. Nesse sentido,

> evitar frustrações pode ser um dos fatores de uma formação adaptativa deficiente: uma criança muito protegida ou cujos desejos foram sempre imediatamente satisfeitos pode ter dificuldades em compreender a realidade da existência adulta, em que o desejo e a satisfação estão cada vez mais distantes e exigem cada vez mais trabalho e dedicação. Uma criança despreparada para suportar frustrações pode se transformar em um adulto que desenvolve crises emocionais por razões ínfimas ou que se sente constantemente insatisfeito. (Ferrari, 2021, p. 1)

Crianças, jovens e adultos, todos nós precisamos lidar com as tristezas e dificuldades a que somos acometidos.

EDUCAR E APRENDER

Há anos atrás tornei-me educadora de crianças da faixa etária dos três aos sete anos e pude assim conviver com momentos de frustração, sabedoria, muitas brincadeiras, crescimento, fracassos e sucessos durante essa experiência por um longo período de minha vida. Crianças pequenas tendiam a ser menos tolerantes às frustrações do dia a dia. Algumas faziam birra, outras batiam nos colegas e outras vinham chorando em busca da professora para que as acolhessem. Percebi também nessa época um fenômeno interessante. Algumas crianças ao chegar na fase de alfabetização deparavam-se com a responsabilidade dos deveres escolares e com receio de não dar conta, recusavam-se a ir à escola. Não queriam entrar em contato com fracassos. Mesmo tendo uma relação afetuosa com a professora não queriam entrar na sala de aula. Era preciso ter firmeza com elas para atravessar essa barreira. Só percebendo que poderiam errar (e acertar) sem risco essas crianças ficavam confortáveis na sala de aula e faziam com prazer suas atividades. Medo de crescer? Medo de arcar com as responsabilidades? Medo de ter notas baixas? Medo de uma possível "bronca" dos pais? Não sei dizer, mas sei dizer que eu enquanto professora ficava frustrada e chateada com essa situação. Posso dizer que ao passar dessa fase essas mesmas crianças eram as que tinham excelente aproveitamento escolar. O peso da responsabilidade as faziam recuar. Assim como Thai, o receio de errar, e a possibilidade de frustração, fazia com que as crianças se paralisassem. Era preciso firmeza e delicadeza para elas superarem tanto medo.

Ser professora de crianças me ajudou a desenvolver ainda mais um aspecto paciencioso de meu ser e no meu processo de ser terapeuta.

Aos poucos, como diz Fukumitsu (2019, p. 257), "a vida é arte que leva tempo". Para mim e para meus pequenos alunos o exercício de crescer muitas vezes foi sempre um desafio. Foi uma arte. Tecer a vida fazendo arte. Tecer a vida requer sabedoria. Tecer a vida requer desafios. Tecer a vida abarca frustrações, incertezas. Tecer e fiar são trabalhos de paciência.

Ser professora implica em acolher e receber os pequenos em seus momentos alegres, mas também em seus momentos tristes. Como diz Axline (1972, pp. 131-137):

> As pessoas que estão ligadas de perto à escola, hoje em dia, sabem que o requisito primário para uma educação bem sucedida da criança, é a boa saúde mental de todos os participantes do processo educacional, Uma professora cuja mente seja assaltada por ansiedade, medos e frustrações, não pode ensinar satisfatoriamente. Uma criança cuja vida emocional esteja em conflito e confusão não pode ser um aluno satisfatório. Se a escola pode contar com um programa terapêutico, incluindo ao mesmo tempo a possibilidade de consulta para os adultos, e consulta e Ludoterapia para as crianças, está equipada, então, para atender quem procura ajuda.(...). Uma professora inteligente aproveitará a verdadeira mina de materiais da sala de aula. Em vez de mandar que as crianças copiem "gato-rato-pato-fato-sapato" pode encorajá-las a escrever suas próprias histórias e a exprimirem *seus próprios sentimentos.*

Observamos que Axline fala de acolhimento aos sentimentos da criança e de acompanhar os pequenos em seus momentos que fogem ao ensinar as matérias, mas agrega no ensino a aceitação de cada sentimento que a criança expresse. A relação professor-aluno torna-se então uma relação de confiança, de compreensão, de delicadeza e de ajuda construtiva e de "coração". A criança pode então desenvolver em si um olhar interno em procura de suas possibilidades, que a leva ao crescimento psicológico. Crescimento psicológico, essa força descrita por Rogers que é um impulso motivador à maturação. Hoje em dia muitas escolas incluem em seus programas não apenas conteúdo de disciplinas mas também o desenvolvimento de habilidades sócio emocionais, programas estes que incentivam a comunicação não violenta mas também a lidar com frustrações e comportamentos de bullying. Algumas escolas incluem treinamento dos professores para lidar com questões sócio emocionais de seus alunos e entre o próprio corpo docente. *Escola é lugar de aprender e de ser feliz!*

PANDEMIA

O ano de 2020 foi um ano atípico. Um poderoso, cruel e mortal vírus nos desequilibrou física, emocional e socialmente. Se falarmos em frustração, esse foi o ano em que mais tivemos que abrir mão de prazeres, de rotinas do cotidiano e de todas as atividades que nos aproximava de pessoas. Tivemos que ficar em casa. *Lockdown* foi a palavra e a regra da vez. Ansiedade e depressão fizeram com que muitas pessoas procurassem serviços de saúde mental. Profissionais de saúde mental tiveram a tarefa de se adaptar aos atendimentos remotos. Professores tiveram que aprender a utilizar plataformas on-line para suas aulas. E as crianças?

> Então que, em um – nem tão belo dia – veio a peste. Acachapante, fechando ruas, parques, portas e janelas. Apartando abraços, silenciando beijos e agigantando as distâncias. O mundo, lá fora – grande, potente e soberano – mudando as regras do jogo e nos colocando, todos, a jogar. Em campo, conosco: as crianças. As crianças, longe da escola. As crianças, longe dos avós. As crianças, longe dos amigos, das atividades. As crianças sem passeio. As crianças com os pais em casa. (Maglia, 2020, p. 45)

Os pais, acostumados a pedir para os filhos, crianças ou adolescentes se afastarem dos computadores e celulares se viram obrigados a acompanhá-los em aulas *on-line* num talvez monótono cotidiano que supriu aulas presenciais e o convívio social. Frustrados ficaram os pais diante de tão nova situação. Frustrados ficaram os filhos com tamanha distância social. Frustrados ficaram os professores tendo que lidar com seus alunos à distância e aprender abruptamente plataformas on-line. Frustrados ficaram os alunos sem a possibilidade de contato físico com os colegas, professores e porque não, com o prédio da escola. A hora do "recreio", as aulas de educação física, as corridas pelo pátio do colégio ficaram na memória e no desejo de "tomara que passe logo". Brandão (2020, p. 79) fala desse sentimento: "As descontinuidades oriundas das medidas de contingência social e sanitária implementadas durante a pandemia trouxeram forte sentimento de desamparo". Como nos autorregular frente tal desamparo, mesmo estando frente a um intenso convívio familiar que ao mesmo tempo aproxima, outras vezes trouxe situações de violência doméstica? Mais uma vez tal desamparo nos remete a ajustamentos criativos e paciência para lidar com a adversidade. Lidar com o luto está sendo um fato quase universal. Após tanta morte, todos nós conhecemos ou somos próximos de alguém que veio a falecer de Covid-19. Tivemos que desenvolver resiliência. Temos que ser fortes. Resiliência é a palavra! Resiliência é atitude! Resiliência é um modo de ser!

Diante de tal resiliência a que fomos obrigados a desenvolver um alento de esperança, vimos fraternidade por algumas pessoas, cantorias nas janelas, doação de cestas básicas, pequenos gestos de solidariedade, como oferecer-se para fazer comprar a um vizinho idoso, aplausos para os profissionais de saúde, orações, palavras de conforto, gestos significando **esperança**. Muitos programas de atendimento solidário e voluntário foram criados. Estamos exaustos. Emocionalmente exaustos! Após um ano de confinamento a esperança começa vir em forma de vacina. Escolas retornando aos poucos à forma presencial com medidas de segurança. Novas modalidades de trabalho *on*-line vieram para ficar. Mas ainda há muito a fazer, muito o que cuidar. Como será o amanhã? *"Neste novo amanhã, cabe voltar às coisas simples, valorizar nossas raízes, nossa morada, olhar o Céu, admirar a Lua e as Estrelas, tomar Sol, cuidar de nosso corpo, valorizar as plantas e os animais, enfim, respeitar a nossa Mãe-Natureza!"* (Zanella, 2020, p. 162).

Para cuidar e ter resiliência nos voltamos ao organismo, que com sua sabedoria interna promove a autorregulação, aqui descrita por meio da bela história da Poliana.

POLIANA E A AUTORREGULAÇÃO

Não conheço história melhor para se lidar com autorregulação do que a história da pequena Poliana.

> O livro de Eleanor Hodgman Porter, conta a história de Poliana, uma criança de 11 anos que fica órfã de pai e mãe e vai viver em Beldingsville, uma cidadezinha do início do século XX na Nova Inglaterra, no interior dos Estados Unidos, com sua única tia viva. A vida de Poliana concentra-se no Jogo do Contente, ensinado pelo pai quando ainda era vivo, o jogo traduz-se em encontrar alegria em qualquer situação tentando sempre se posicionar de maneira positiva frente às dificuldades da vida, procura extrair algo bom e positivo nas questões desagradáveis, é um jogo onde ninguém perde, desta maneira sempre que Poliana se encontra triste, chateada, com medo ou qualquer outra emoção que a incomode ela joga o jogo do contente, onde se lembra de coisas das quais pode agradecer ao invés de reclamar, se tornando este um estilo

> de vida para personagem. A partir desta perspectiva, Poliana em momentos de tristezas como por exemplo quando ganha uma bengala no lugar de uma boneca utiliza o jogo do contente para alegra-se e adotar uma postura contente frente ao que lhe sucedeu. Paulina, tia de Poliana, é uma mulher que o livro descreve como severa e pouco afetuosa, solteira e rica Paulina recebe a sobrinha como uma obrigação. Poliana logo passa a conhecer as pessoas da cidade e aos poucos começa a ganhar a afeição de todos pelas características afetuosas que possui. A história se desenrola com vários personagens, cuja vida vai mudando à medida em que conhecem Poliana que lhes apresenta o jogo do contente. Em dado momento Poliana é atropelada e fica sem poder andar perdendo o movimento das pernas. Neste momento não consegue jogar o jogo do contente e se sente muito triste, após muito custo com a ajuda do doutor Chilton, Poliana volta a andar. Por fim, o sonho da personagem em ver sua tia jogar se realizou, trazendo motivo para Personagem se alegrar novamente. (Neves, Leite & Mattanó, 2020, p. 12)

Poliana sabia lidar com as frustrações. Lidou com tristezas, desamparo e desafeto. Conseguiu contornar e transformar em alegria tudo aquilo que a desestabilizava e causava dor às pessoas. A menina singela e meiga trouxe um novo alento para toda uma vila, com seu comportamento amoroso. Ao sofrer um acidente foi a vez dela receber os carinhos tão necessários para sua recuperação. Momentos felizes! Tão pouco valorizados em nossa sociedade! Poliana muitas vezes criticada por buscar a felicidade, por conseguir olhar de maneira criativamente nova os dissabores que a vida traz. "*O processo de autorregulação organísmica objetiva então alcançar o melhor acordo possível entre organismo e meio a cada momento, ao que denominamos de ajustamento criativo*" (Aguiar, 2005, p. 70). Poliana não se conformava com frustrações. Poliana buscava a felicidade. Poliana sabia utilizar seu ajustamento criador para ter um novo olhar nas situações que pareciam desestabilizar a todos.

FELICIDADE E FRUSTRAÇÃO

Poliana e Thai, cada um da sua maneira, soube encontrar soluções criativamente novas para suas frustrações. Thai com o jogo da verdade. Poliana com o jogo do contente. Thai e Poliana por meio de suas feridas conseguiram se autorregular e crescer em direção à saúde.

Para Rogers, citado por Fadiman, 1986, estas tendências em direção à saúde são facilitadas por qualquer relação interpessoal na qual um dos membros esteja livre o bastante da incongruência para estar em contato com seu próprio centro de autocorreção.

Ora, Thai teve como seu grande mentor seu avô, que o encorajou a ir ao encontro com sua verdade e ética frente ao imperador. O que ele encontrou foi uma grande confirmação por parte dele, que o reconheceu como merecedor do trono. Já Poliana, teve que enfrentar muitas contrariedades com a pessoas que não admitiam sua felicidade e muitas vezes a olhavam com estranheza. Porém, seu jeitinho meigo, delicado e esfuziante acabou por conquistar e transformar a pequena vila. Aos poucos ficaram congruentes com seus sentimentos. Lira (2020, p. 171) ao citar seus atendimentos com adolescentes durante a pandemia nos diz que: "*...a frustração foi potencializadora de uma autorregulação organísmica, através da qual a jovem tem criado novas possibilidades de lidar com a realidade*". Assim aconteceu com nossos personagens, que escolheram o caminho da felicidade ao invés de mergulharem no abismo de suas frustrações e tristezas.

Para que possamos entrar em contato com a felicidade precisamos de relações nutridoras de amor e compaixão. Ser resiliente depende de nossa caminhada diária, implica em nos aproximarmos de nossas decepções, frustrações, potencialidades e empatia.

Rogers citado por Fadiman (1986, p. 230) "sugere que os obstáculos aparecem na infância e são aspectos normais do desenvolvimento. O que a criança aprende em um estágio como benéfico deve ser reavaliado nos estágios posteriores: Motivos que predominam na primeira infância, mais tarde podem inibir o desenvolvimento da personalidade."

Esses obstáculos podem ser examinados, compreendidos e transformados. Cada pessoa tem um modo de ser que se apropria de sua condição humana. Cada ser é singular e lida com os eventos de sua vida de diferentes maneiras, como as abelhas lidam com diferentes flores para fabricarem diferentes tipos de mel.

> Somos seres humanos atuantes e o fruto de nossas ações resultam em flores para que a diferença apareça. O que seria do mel escuro e com gosto forte coletado do néctar da flor de eucalipto? Ou, o que seria do mel claro e suave, que a abelha coleta do néctar da flor de laranjeira? Todos nós seres humanos, produzimos diferentes ações. (Fukumitsu, 2016, p. 240)

Que bom sermos distintos e singulares! Como um grande caleidoscópio as pessoas se unem, se separam e constroem suas vidas reconfigurando suas ações, revisitando suas relações e agregando novas experiências em seu ser.

Termino com a grande lição da ostra que ao se deparar com uma adversidade a transforma em uma preciosa pérola. Em nossas vidas caminhamos por entre pedras e pérolas. Cada uma com sua singularidade. Pedras brutas que devemos lapidar e pedras preciosas que devemos cuidar!

REFERÊNCIAS

Aguiar, L. (2005). *Gestalt terapia com crianças, teoria e prática*. Livro Pleno.

Axline, V. (1972). *Ludoterapia: a dinâmica interior da criança*. Interlivros.

Brandão, C. L. (2020). Estrangeira no próprio território: re-criações da prática clínica com crianças no atendimento on-line. In C. Brandão, & R. Zanella (Orgs.). *Psicoterapia on-line infanto-juvenil em tempos de Covid-19: clínica em Gestalt-Terapia*. Juruá.

Fadiman, J., & Frager, R. (1986). *Teorias da Personalidade*. Harbra.

Fukumitsu, K. O. (2019). *A vida não é do jeito que a gente quer*. Lobo Editorial.

Ferrari, J. S. Frustração. *Brasil Escola*. https://brasilescola.uol.com.br/psicologia/frustracao.htm

Lira, V. T. P. (2020). Caminhando com o adolescente: saúde mental em tempos de Covid. In C. Brandão, & R. Zanella (Orgs.). *Psicoterapia on-line infanto-juvenil em tempos de Covid-19: clínica em Gestalt-Terapia*. Juruá.

Maglia, B. R, F. (2020). Meu corpo, meu abrigo: sensorialidade e autossuporte. In C. Brandão, & R. Zanella (Orgs.). *Psicoterapia on-line infanto-juvenil em tempos de Covid-19: clínica em Gestalt-Terapia*. Juruá.

Neves, A. B., Leite, V. T., & Mattanó, L. *Poliana e o jogo do contente: uma análise da vivência das emoções na contemporaneidade*. http://dspace.doctum.edu.br:8080/xmlui/handle/123456789/2830

Secco, P. E. (2007). *A semente da verdade*. Boa Companhia.

Zanella, R. (2020). Como será o amanhã? A forma que se transforma para o encontro acontecer. In C. Brandão, & R. Zanella (Orgs.). *Psicoterapia on-line infanto-juvenil em tempos de Covid-19: clínica em Gestalt-Terapia*. Juruá.

ACEITANDO A FRUSTRAÇÃO: UMA PROPOSTA POSSÍVEL

Ana Paula Varella Ferreira

> Essa planta gostaria de crescer
> E, ao mesmo tempo,
> Ser embrião
> Aumentar
> E, contudo, escapar,
> do destino de tomar forma."
> (Wilbur, 1988, p. 205)[3]

Uma conhecida frase diz: "a expectativa é a mãe da frustração". Esse clichê aparentemente trivial carrega em si um modelo bastante adequado de como a frustração se forma dentro de nós, de suas origens e de suas manifestações. Sugere, também, um complemento – se a mãe da frustração é a expectativa, não seria a idealização a avó dela?

O poema de Wilbur, de 1988, ilustra lindamente o quanto, em nossa natureza dicotômica, fadamo-nos à frustração mediante desejos tão ambivalentes. E todos nós experimentamos, ao longo da vida, inúmeras situações em que nos sentimos frustrados. Perdas, desconexões, sonhos que nunca são atingidos – tudo isso nos confronta com a desagradável impotência de uma existência finita, na qual as escolhas são condutoras inexoráveis em uma única direção.

Via de regra, a frustração é um sentimento gerado a partir da impossibilidade de se obter algo anteriormente pretendido, ou seja, um

3 Tradução livre de excerto do poema original de 1988 *Seed Leaves:* This plant would like to grow / and yet be embryo / Increase, and yet scape / The doom of taking shape.

alvo de nossas expectativas. Em uma perspectiva analítico-comportamental, a inexistência do reforço produz, neste confuso organismo humano, uma resposta inevitável de desconforto e tentativas a princípio ferrenhas de alcançar o êxito (Skinner, 1957/2007). Essa variabilidade comportamental, não raro, manifesta-se agressivamente. O senso comum é o de que o raivoso é sempre um frustrado em potencial.

Essa dinâmica se aplica desde a mais tenra infância, quando somos bebês, até o auge da vida adulta. Observamos crianças se sentindo frustradas quando, por exemplo, desejam intensamente um brinquedo e não ganham (e se jogam, debochadamente, no chão de qualquer shopping à espera de que esse momento constrangedor por fim produza a boneca esperada). Também vemos adultos frustrados por não terem conseguido uma promoção no trabalho; jovens frustrados por uma realidade pouco estimulante; idosos que se frustram por não mais conseguirem se levantar de suas camas sem que uma mão amiga se estenda.

Ninguém está imune à frustração, mas é nítido que existe uma diferença muito clara entre a maneira de um e de outro reagir emocionalmente a esse sentimento. Enquanto uns acirram suas tentativas, ocupando a questionável linha que separa a persistência da teimosia, outros arrefecem, desistem, ensimesmam-se. E àqueles que de fora assistem resta a desconfortável dúvida: Como apoiar um indivíduo que reage à frustração?

Desejo e idealização

Dentro de minha cabeça ocorrem coisas esquisitas
Um mundo de cenas estranhas e uma série de imagens bonitas
Uma vida de arte tamanha!
Uma vida em que sou uma artista.

Lá, eu danço balé e consigo fazer um pliè.
Meu arabesque é muito alto!, é lindo meu padede.
Danço samba em cima de um palco,
Tiro fotos em 3D.

Dentro de minha cabeça, tantas coisas acontecem.
As pessoas jamais morrem, no máximo envelhecem.
Ninguém fica grisalho, e todo mundo mora perto,
A minha casa de praia fica no meio do deserto.

Minha vida amorosa é assim:
Janto com Neruda, durmo com Bukowski,
Acordo com Jobim.
Neste mundo tão perfeito,
Tenho Kundera só pra mim.

Dentro de minha cabeça até o gato fala comigo
Todo mundo é meu amigo,
Não há o que eu não conheça!
Eu mudo o mundo, transformo inverno em verão
Faço do inferno um fecundo período de gratidão.

Aqui dentro acontece aquilo que eu mais queria:
O sentido da vida é pra frente! Viver é uma maravilha!
Aqui dentro sou diferente, sou tudo o que quis ser um dia:

Mestra em Psicologia,
Doutora em Literatura,
PHD em alegria[4].

Nosso aparelho cognitivo, conforme amadurece, estabelece relações e associações das mais variadas formas e direções. Aprendemos por meio de uma série de estruturas ("molduras"), entre estímulos que estabelecem um quadro amplo das mais variadas dimensões – temporais, de oposição, de equivalência e assim por diante (Hayes et al., 2001). A partir dessas diferentes relações e de suas inevitáveis derivações, nossa aprendizagem se edifica de forma mais ou menos organizada, pautada nos diferentes elementos dos quais dispomos na realidade e no contexto em que vivemos – ou assim deveria ser.

Parte do nosso desejo se origina ainda em nosso processamento simbólico do mundo, conforme as aprendizagens precoces daquilo que é, segundo nossa comunidade verbal, elementos e experiências "desejáveis".

Esses aprendizados, a partir dos quais se estruturam nossas autorregras (ou crenças condicionais, numa ótica mais cognitivista), desde muito cedo envolvem especialmente pares de opostos, dicotomia

4 *Poema de minha autoria, escrito aos 17 anos.*

inerente à nossa condição humana. Assim, aprendemos a polarizar compreendendo o "bom" em oposição ao "ruim", o "belo" em oposição ao "feio", e nossos desejos nascem da idealização daquilo que, um dia, foi nos apresentado como "correto" (em oposição explícita ao "errado"), "adequado" (oposto a "inadequado") e outras formas mais ou menos românticas de especulação sobre o que se desejar em uma vida "feliz" – oposta ao sofrimento, à tristeza e congêneres tidos como aversivos e indesejáveis. Uma vida em que somos artistas, em que o passo de balé é perfeito, em que o inferno se torna fecundo.

A expectativa criada sobre uma determinada situação impacta diretamente o nível de frustração experimentado – motivo pelo qual é tida como "mãe" da frustração. O grau de privação em que o indivíduo se encontra também é uma variável significativa (Sidman, 1995), mas é comum que esteja havendo uma forte *idealização*, isto é, o comportamento (normalmente encoberto) de fantasiar ou planejar algo de maneira utópica ou muito distante da realidade (o ponto "100% feliz" de uma reta composta por inúmeros níveis de felicidade).

Ora, a realidade objetiva rapidamente trata de nos confrontar com uma experiência mais limitada do mundo, um *continuum* entre os opostos com diversas variações de beleza, felicidade e adequação e na qual os pares de opostos se excluem mutuamente. Uma vida na qual uma casa de praia jamais poderia existir dentro de um deserto.

À medida que um indivíduo transita entre esses diferentes pontos de uma mesma reta, as escolhas que é obrigado a fazer incorrem, invariavelmente, em renúncias e frustração. Assim, suas expectativas quanto ao que significa uma vida "feliz" podem ser quebradas de forma brutal.

TOLERÂNCIA À FRUSTRAÇÃO

Ao longo das experiências de frustração que um indivíduo tem, alguma tolerância vai sendo desenvolvida, e é esperado que ele consiga lidar progressivamente melhor com as situações causadoras desse sentimento. Esse é o motivo pelo qual frequentemente uma criança chora por causa do brinquedo que lhe é negado, enquanto o adulto consegue tolerar com menos reatividade as situações em que experimenta privação de seus desejos.

Isso quer dizer que, além dos estados emocionais serem menos intensos com o amadurecimento, a maneira de um indivíduo reagir aos impulsos e expressar sua frustração também evolui com o tempo, dependendo de quão bem sua comunidade verbal acolhe suas emoções e o ajuda a contextualizar mais adequadamente suas expectativas. Quanto menor a tolerância à frustração de uma pessoa, menor a sua capacidade de *aceitar* essas situações e de se adaptar a elas.

Dois grandes fatores influenciam o desenvolvimento de tolerância à frustração: o *histórico de vida* do indivíduo, repleto de experiências de reforçamento e punição, e a tendência à *idealização* no estabelecimento dos objetivos e expectativas. Vale lembrar que esses dois fatores interagem entre si constantemente, numa retroalimentação contínua.

O histórico de vida refere-se ao quanto de privação um indivíduo já experimentou ao longo de sua história e de como suas tentativas de sair desse estado foram reforçadas ou punidas (Skinner, 1957/2007). Pode ser que uma pessoa tenha experimentado tantas privações na vida, que uma única oportunidade de obter algo desejado é encarada com imensa expectativa – como quando alguém que sente sede há tanto tempo vê um copo de água e avança sobre ele sem pensar em nada mais. Na extremidade oposta, alguém que nunca tenha "passado sede" pode não ter desenvolvido um repertório mais amplo de lidar com o desconforto de sentir necessidade ou desejo de algo sem ser atendido.

De maneira geral, essas duas pessoas hipotéticas têm maior probabilidade de lidar mal com a frustração, ou seja, de desenvolver menor tolerância. Podemos especular que, por outro lado, quando as experiências de frustração ao longo da vida não foram nem excessivas, nem raras, mas relativamente equilibradas e bem orientadas pelos pares significativos, um indivíduo poderá estar razoavelmente capacitado a lidar com o desconforto emocional causado pela frustração.

Lamentavelmente, não é esta a realidade da maioria das pessoas. Observamos com alguma frequência aqueles que apresentam alta reatividade e baixíssima tolerância à frustração, mesmo quando adultos que possuem uma rede de suporte (Sidman, 1995). Há quem sofra tão intensamente quando não consegue algo que chega a se deprimir; há quem brigue, quem grite, que não admita ser contrariado, e há até mesmo aquela pessoa que vai "até as últimas consequências" para ter o que quer, tomando equivocadamente sua intolerância por "persistência". Afinal, no jogo dos significados atribuídos às emoções, é quase que consensual que a frustração não é bem-vinda e que deve ser evitada a todo custo – ela é um sinal de "fracasso pessoal": se você se sente frustrado, o melhor é redobrar as tentativas. É?

O ADOLESCENTE E A FRUSTRAÇÃO

Sendo um período da vida em que a socialização assume um lugar fundamental nas necessidades emocionais, nada se revela mais desafiador do que lidar com um jovem frustrado.

Não só porque seu nível de reatividade tende a ser relativamente alto, mas porque os mecanismos que o levam a idealizar estão bastante alicerçados em um repertório comportamental ainda pobre de meios-termos (normalmente construídos pela experiência direta); seu conjunto de "molduras relacionais" ainda se encontra bastante dirigido aos polos de opostos supracitados.

O adolescente é tudo ou nada, é o ápice e o fundo do poço, toda dor é a pior possível e toda alegria se torna euforia. Em uma vida de montanhas-russas intensas, toda queda vertiginosa traz consigo a inexorável expectativa de alçar aos céus em uma próxima empreitada.

A comunidade verbal a que o adolescente se expõe sem dúvida contribui para que essa montanha-russa seja cada vez mais intensa: as redes sociais, os *digital influencers*, os ícones de referência juvenil que reforçam suas idealizações acerca da felicidade e do que seria uma vida bem-sucedida. Ora, que realidade objetiva resiste a um *feed* de Instagram bem organizado, de paletas perfeitas trabalhadas na colorimetria impecável da vitrine social?

O jovem sonhador, que dorme com Neruda e acorda com Jobim, está sempre na corda bamba, equilibrando-se sobre a linha fina que separa seus sonhos da autoilusão. E na tentativa (fadada ao fracasso) de ser tudo o que quis ser um dia, não percebe que esse eu ideal está carregado de estereótipos, de expectativas alheias, da necessidade de reconhecimento característica de sua pouca idade.

Pela ansiedade de sair do "antes" e chegar no "depois" sem passar pelo "durante"; pelas expectativas sociais que carrega consigo e as pressões psicológicas subsequentes; pela falta de uma realidade estimulante que o coloque diretamente em processos legítimos de autodescoberta e que sejam intrinsecamente reforçadores; pela ausência de um acolhimento emocional que proveja sustentação para seu processo ainda embrionário de aceitação da realidade – por tudo isso o adolescente se frustra e, não raro, adota estratégias de enfrentamento pautadas na agressividade, inclusive autolesivas. Seria tão diferente assim para nós, adultos?

No que tange à tendência inescapável de idealizarmos, somos nós assim tão libertos do impulso de, tal como coelhos famintos, exaurirmos-nos na corrida atrás da cenoura? Seria realmente "redobrar os esforços" a melhor estratégia para a frustração, ou trata-se apenas de mais uma forma de esquiva da dor?

COMO LIDAR MELHOR COM A FRUSTRAÇÃO?

Se o nível de frustração é diretamente proporcional ao grau de idealização que uma expectativa contém, isso quer dizer que, para minimizar a frustração, devemos, com afinco, desconstruir a idealização. Quanto mais distante da realidade um objetivo for, mais difícil se torna alcançá-lo, e o tempo levado para isso será, sem dúvida, maior. Os esforços, é certo, terão de ser redobrados. E nesse trajeto entre o desejo e a realização, a frustração se manifesta.

Parece óbvia a conclusão de que, para diminuir as chances de se sentir frustrado, o caminho mais rápido é a readequação de suas expectativas. Nesse contexto, é útil a reflexão: "*Neste objetivo ou desejo que eu tenho, estou sendo realista sobre o que pretendo alcançar?*". Uma análise mais objetiva e racional dos recursos disponíveis e das habilidades necessárias para alcançar esse objetivo também é importante, oferecendo um valioso espaço para um contato maior com as próprias vulnerabilidades.

Muitas vezes, a mera consciência a respeito da importância de traçar metas cuidadosas já é o suficiente para que a empreitada seja mais bem sucedida. Não à toa tantos programas de organização e planejamento falam em *metas reais e mensuráveis*, em formação de hábitos, em encadeamento comportamental – quanto mais realista uma meta é, mais possível ela se torna, e o teste de realidade quanto ao que é possível ser feito traz as informações necessárias para a boa estruturação de qualquer planejamento.

Mas e quanto às situações em que, estando fora de nosso controle, não conseguimos evitar de nos sentirmos frustrados, magoados ou mesmo com raiva daquilo que não pudemos obter? A vida não admite nenhum tipo de cartilha; adotar métodos estruturados de planejamento não é possível para uma quantidade enorme de circunstâncias.

Aliás, um dos maiores choques da vida adulta é descobrir que não controlamos tudo, que a vida caminha também a seu próprio passo e que o ambiente que nos cerca tem suas próprias regras, muitas vezes nunca reveladas a nós. Isso vale para quase tudo: a promoção que um chefe nega; uma viagem que não deu certo; uma briga com o parceiro;

um restaurante que deixou a desejar; uma universidade que não aceitou a sua pontuação num vestibular torturante, conquistada com tanto afinco. Diante dessas situações, é importante que saibamos dar vazão aos sentimentos de frustração sem nos prejudicarmos ainda mais pela busca incessante de controle.

Quando todo esse controle se esvai e alguém está diante de emoções desagradáveis, tudo o que lhe resta é um ringue penoso, palco da luta contra a experiência emocional subjetiva – o lugar particular em que a existência é experimentada de forma avassaladoramente solitária.

A expressão dessa batalha com as emoções está diretamente ligada ao repertório comportamental preexistente, mais do que propriamente à dimensão da experiência vivida. E novamente a comunidade verbal de um indivíduo trata de selecionar cuidadosamente, através de reforços e punições, as respostas de expressão emocional que melhor o adaptam ao contexto no qual está inserido (Skinner, 1957/1992).

Que escritório de sucesso não bonifica, todo final de ano, aquele funcionário competitivo que adota práticas agressivas, mas extremamente eficientes? Que colégio não tem, em seu quadro de alunos, aquele garoto popular que, ao mesmo tempo em que seduz, também agride, faz *bullying* ou humilha seus companheiros?

Aquilo que promove alívio imediato tende a se estabelecer no repertório comportamental com solidez – o poder reforçador de um comportamento de esquiva bem sucedido no curto prazo é grande demais para ser ignorado e substituído por tolerância à frustração (Sidman, 1995); é tentador demais não recorrer àquilo que funcionou um dia. É necessária enorme tenacidade para não sucumbir às esquivas experienciais (comportamentos cuja função é evitar o contato com a emoção aversiva) que tão bem conhecemos: explosões emocionais, abuso de álcool e/ou outras substâncias, alimentação compulsiva, agressividade autodirigida, automutilação.

Um indivíduo diante de dor emocional é, quase sempre, um desesperado em busca de alívio, um sedento que se satisfaz com água salobra – para, no minuto seguinte, estar sedento novamente. O imediatismo tão característico do adolescente o faz especialmente uma vítima em potencial de si mesmo e de suas estratégias mal-adaptativas de tolerância à frustração. Sua rede de suporte social, composta majoritariamente por indivíduos que travam as mesmas batalhas, não oferece o acolhimento adequado para a contenção de suas emoções de forma segura. Inevitavelmente, esse jovem irá se deparar com a consequências do médio e longo prazo: conflitos interpessoais, depressão e ansiedade, infelicidade.

Que outras formas teríamos de tolerar esses sentimentos, sem que passemos a correr de nossas próprias sombras? Ora, quanto mais rápido corremos, mais ela corre rápido atrás de nós. Quando a única ferramenta da qual dispomos é uma pá[5], parece quase razoável utilizá-la para sair de um buraco – mesmo que ele fique, conforme cavamos, cada vez mais fundo.

ACEITAÇÃO EMOCIONAL

Muito se fala, mas pouco se compreende dos processos de aceitação emocional. Mais do que uma panaceia bem divulgada, a aceitação tem sido considerada na literatura científica como um processo crucial de mediação de mudanças (Roemer & Orsillo, 2010). Tem sido estabelecido que a modificação do relacionamento que um indivíduo possui com suas emoções é um dos mecanismos centrais de mudança, de promoção de flexibilidade psicológica e regulação emocional.

Aceitar uma situação significa, principalmente, interromper os processos de esquiva experiencial promovidos pela busca frenética de alívio. Os comportamentos aparentemente "persistentes" descritos acima, bem como as mais variadas formas de compulsão que um indivíduo pode se valer como anestesia emocional, precisam ser abandonados. Largar a pá metafórica que aprofunda o buraco emocional, mesmo quando não se tem muita confiança em quaisquer outros tipos de ferramentas, é uma etapa crucial para que as emoções aversivas não se tornem as verdadeiras condutoras da vida de um indivíduo. Sem nenhum outro recurso que não a fuga, acaba-se também por se afastar de seus valores e objetivos. Há que se equilibrar, finamente, as estratégias de esquiva com comportamentos de busca daquilo que é importante para uma vida significativa (Finger, 2015).

No que se refere aos jovens, aprender a sentir as emoções sem se esquivar e buscar alívio com estratégias nocivas revela-se particularmente

---

5 Em referência à metáfora *O homem no buraco*, de Hayes et al. (1999). A metáfora ilustra o processo de esquiva experiencial e seus efeitos sobre o sofrimento humano a partir da imagem de um homem que, ao cair em um buraco, utiliza sua única ferramenta disponível para tentar sair: uma pá. Ao cavar incansavelmente, a um dado momento percebe que o buraco no qual se encontra fica cada vez mais fundo, mas por não dispor de nenhum outro recurso, continua a cavar.

importante, pois será este processo doloroso de conhecer os meios termos entre o tudo e o nada, os quais irão ampliar o seu repertório comportamental e estabelecer novas molduras relacionais entre os diferentes eventos de vida aos quais está exposto.

Nem toda dor emocional será a pior possível; nem toda alegria se manterá para sempre; um objetivo não alcançado apenas aponta um novo caminho.

Modificar, pelo menos em parte, os significados atribuídos a cada uma dessas situações e reconhecer os novos recursos pessoais de que se dispõe exerce um impacto poderoso no autoconceito de um indivíduo. Essa retroalimentação positiva entre fortalecimento pessoal e tolerância emocional tonifica, continuamente, a envergadura afetiva de um indivíduo, provê sustentação, dá forças para continuar – especialmente quando isso acontece em uma jornada em que o estabelecimento dos valores pessoais está apenas começando, como na adolescência.

Parar de lutar contra e *tolerar* o desconforto que está sendo vivenciado pode ser extenuante, especialmente para adolescentes cujo organismo imaturo favorece o imediatismo e a impulsividade. Embora normalmente a própria passagem do tempo também cuide de arrefecer os estados emocionais aversivos, é importante que o indivíduo com dor emocional possa ser acolhido em sua rede de suporte, e que tenha suas emoções validadas em um espaço de diálogo livre de julgamentos. A importância da validação emocional já foi corroborada por inúmeros estudos e se edificou como elemento central de algumas abordagens psicológicas contemporâneas, especialmente no auxílio a pacientes com comportamentos autolesivos e suicidalidade (Linehan, 2010).

Ao conversar com seus pares ou figuras de apoio significativas, conhecendo as diferentes perspectivas de outros que, como ele, também passaram por dificuldades semelhantes, o indivíduo aprende a manter consigo mesmo uma experiência interna mais gentil; assim, prepara-se para uma nova tentativa futura ou para a renúncia de seus objetivos.

Ao contrário do que pode parecer em um primeiro momento, a aceitação emocional não é o mesmo que resignação (Saban, 2015). Muitas pessoas, de posse desse equívoco conceitual comum, resistem à ideia de aceitar uma emoção desagradável por sentirem que, caso o façam, estarão *desistindo* facilmente de seus objetivos e da busca pela felicidade – algo impensável quando se encontra emoldurado em uma relação de oposição a tudo aquilo que é valorizado socialmente: a persistência, a força, a tenacidade.

Ora, a aceitação é um processo diametralmente oposto: é ativamente baseada na compreensão de que as emoções aversivas fazem parte de uma vida significativa e de que evitá-las sistematicamente nos afasta desse significado (Kabat-Zinn, 2017). Aceitar significa reconhecer que as emoções são fenômenos temporários, e que os julgamentos que nos levam a evitá-las são os verdadeiros obstáculos.

Aceitar uma emoção é um convite à experiência humana que nos leva, geralmente, a nos aproximarmos de nossos valores e compreendermos mais sobre nós mesmos. Sob essa perspectiva, frustrar-se pode ser uma experiência legítima de autodescoberta e de aprendizado, independentemente das probabilidades de um resultado bem-sucedido.

Instruir um indivíduo sobre a função de suas emoções é, via de regra, uma maneira eficaz de aumentar a sua disposição a experimentá-las (Leahy et al., 2013). Retirar os julgamentos e estabelecer compreensão sobre o porquê de se estar sentindo algo facilita uma relação generosa consigo mesmo, baseada em validação e autocompaixão.

Existem exercícios teoricamente simples de regulação emocional ("teoricamente" porque, para poder praticá-los, é necessário que, primeiramente, tenha se abandonado a luta contra a experiência emocional, o que por si só constitui um esforço hercúleo). Criar diálogos imaginários com pessoas queridas em situação de dor emocional costuma ser uma técnica bastante eficaz, uma vez que demanda os recursos de empatia e compaixão que podem ser então aplicados a si mesmo.

Exercícios de atenção plena com foco nas sensações físicas, mais do que nos pensamentos e julgamentos relativos à frustração, também trazem benefícios a indivíduos que apresentam comportamentos mal-adaptativos e alta reatividade. A regulação emocional é possível também a partir do uso de estratégias comportamentais como respiração diafragmática, modificação fisiológica e outras já bem estabelecidas na literatura (Leahy et al., 2013).

CONSIDERAÇÕES FINAIS

Muito embora o ser humano trave uma luta justificável contra as emoções, dada sua natureza dicotômica e evitativa, é certo que esta luta costuma trazer mais prejuízos do que benefícios. A longo prazo, as diferentes formas de escapar das emoções, por meio das quais busca incessantemente encontrar alívio e gratificação, acabam por desembocar em novas emoções desagradáveis, em um ciclo de retroalimentação.

Não à toa, a prevalência de transtornos psicológicos tem aumentado ano após ano no mundo todo, concomitantemente ao aumento do abuso de substâncias entre os mais jovens.

Acolher e orientar adolescentes em frustração pode ser um desafio enorme já que, naturalmente, costumam ser particularmente seletivos quanto à busca de apoio. Sendo reticentes quanto à comunicação de suas vulnerabilidades, tendem a recorrer a uma rede de suporte que é, via de regra, igualmente imediatista e reativa.

Enquanto o mercado literário pulula de manuais de autoajuda para formação de hábitos, planejamentos infalíveis de metas e organização de rotinas para aumento de performance, buscando o controle ativo de tudo aquilo que pode gerar frustração, parece importante investir esforços em outras maneiras de reagir às emoções – a aceitação.

Ouvir, acolher e validar as emoções de um jovem em sofrimento inclui um convite especial a experimentar as emoções de maneira mais aberta e sem julgamentos; estabelecer uma relação mais generosa consigo mesmo é uma empreitada que oferece um contrapeso necessário às pressões sociais típicas dessa faixa etária. Mais do que a oferta de um alívio de natureza inofensiva, é a possibilidade de criação de um espaço de autodescoberta e compreensão de si mesmo.

Sabemos que, independente da idade, a flexibilidade psicológica é uma condição sine qua non para uma maior adaptabilidade às situações adversas. Para tanto, faz-se necessário promover uma filosofia de menos idealização, de validação dos desejos e angústias, além da abertura de um campo carinhoso de aceitação emocional, como Rumi, poeta sufi do século XII, tão belamente ensina em seu poema *A Casa de Hóspedes*[6].

> O ser humano é uma casa de hóspedes
> Todos os dias uma nova chegada.
> Uma alegria, uma depressão, uma mesquinharia,
> Uma percepção momentânea que chega,
> Como visitantes inesperados.
>
> Receba e entretenha a todos!
> Mesmo que seja uma multidão de tristezas,

---

6 Tradução de Coleman Barks do trabalho original *The Guest House*.

Que violentamente varre sua casa
E a esvazia de todos os seus móveis.

Ainda assim,
Trate seus hóspedes honradamente.
Eles podem estar te limpando
Para a chegada de um novo deleite.

O pensamento obscuro, a vergonha, a malícia,
Receba-os sorrindo à porta,
Convide-os a entrar.

Seja grato a todos que vêm
Porque todos foram enviados
Como guias do além.

REFERÊNCIAS

Finger, I. R. (2015). O modelo Matriz de Flexibilidade Psicológica. In P. Lucena-Santos, J. Pinto-Gouveia, & M. S. Oliveira (Orgs.). *Terapias comportamentais de terceira geração*. Sinopsys Editora.

Kabat-Zinn, J. (2017). *Viver a catástrofe total: como utilizar a sabedoria do corpo e da mente para enfrentar o estresse, a dor e a doença*. Palas Athena.

Linehan, M. (2010). *Terapia cognitivo-comportamental para transtorno da personalidade borderline*. Artmed.

Leahy, R. L., Tirch, D., & Napolitano, L. A. (2013). *Regulação emocional em psicoterapia*. Artmed.

Hayes, S. C., Barnes-Homes, D., & Roche, B. (2001). *Relational Frame Theory: A post-Skinnerian account of human language and cognition*. Plenun Press.

Hayes, S. C., Strosahl, K. D., & Wilson, K. G. (1999). *Acceptance and Commitment Therapy: an experiential approach to behaviour change*. The Guilford Press.

Roemer, L., & Orsillo, S. M. (2010). *A prática da terapia cognitivo-comportamental baseada em mindfulness e aceitação*. Artmed.

Rumi, J. (2004). The guest house. In *Rumi: Selected Poems*. Penguin Books.

Saban, M. T. (2015). *Introdução à terapia de aceitação e compromisso.* Artesã Editora.

Saban, M. T. (2015). *O que é Terapia de Aceitação e Compromisso?* In P. Lucena-Santos, J. Pinto-Gouveia, & M. S. Oliveira (Orgs.). *Terapias comportamentais de terceira geração*. Sinopsys Editora.

Skinner, F. B. (2007). *Ciência e comportamento humano*. Martins Fontes. (Trabalho original publicado em 1957).

Skinner, F. B. (1992). *Verbal behaviour*. B. F. Skinner Foundation. (Trabalho original publicado em 1957).

Sidman, M. (1995). *Coerção e suas implicações*. Editorial Psy.

Wilbur, R. (2004). Seed leaves – Homage to R.F. (1988). In *Collected Poems 1943 – 2004*. Harcourt Books.

CONDUZIR O PRESENTE PARA APRENDER HOJE E NÃO SE FRUSTRAR AMANHÃ

Érika Scarparo Abreu
Maíra Britto Namura

Cada vez mais vemos famílias preocupadas com as habilidades que seus filhos pequenos demonstram com poucos anos de idade. Muitos esperam que com 3, 4 ou 5 anos, as crianças escrevam seus nomes com perfeição, reconheçam o alfabeto fazendo associações e contem com propriedade. Mas por que a pressa? Como pais, entendemos que o mundo está cada vez mais competitivo. Por isso, a preocupação com o futuro dos filhos é natural, e expor os saberes das crias é de admiração no mundo animal. Como escola, é necessário apresentar um caminho para um futuro de sucesso, mas explicitar que o presente é muito menos frustrante do que se parece.

Os professores, coordenadores e diretores de escolas de Educação Infantil e dos primeiros anos do Fundamental precisam se desdobrar para mostrar aos pais a importância do processo para chegar com mais força no que se almeja lá na frente. Como conhecedores do desenvolvimento infantil, esses profissionais se munem de registros para tentar revelar o que se vê na sala de aula, porém muitas vezes se frustram por não conseguirem alcançar a valorização do que não é concreto e imediato. Tal como já dizia Saint Exupéry (1943); "O que é essencial é invisível aos olhos".

Com muita frequência, as crianças, principalmente os pequenos, demonstram habilidades incríveis que passam despercebidas pelo olhar inerte de um adulto. Muitos, desde cedo, já demonstram resiliência para resolução de conflitos, estratégias para compreender e se expressar através de linguagens menos apreciadas, como as artes, e uma atenção a detalhes que muitos adultos deixam passar. Na sala de aula, entretanto, o professor vê o que é invisível aos olhos, porque ele se faz presente no processo. Uma criança que desenha "rabiscos" está contando uma história com movimento, enredo e personagens. Uma criança que fala assuntos aleatórios que parecem desconexos, faz uma ou mais menções pertinentes da sua ida ao parque no dia anterior. Um papel repleto de símbolos, formas e letras, é uma declaração de amor. Um choro desesperado é, muitas vezes, um pedido de ajuda.

LISTA DE MATERIAIS PARA CONSTRUIR UM BRINQUEDO E CARTA DE AMOR ESCRITO POR CRIANÇAS DE 4 ANOS. (ACERVO PESSOAL MAÍRA NAMURA)

Adele Diamond, professora e pesquisadora norte-americana, retoma frequentemente em suas aulas o tema da neurociência educacional, abordando quais habilidades serão necessárias para o sucesso no século 21. Segundo a autora, elas são: autocontrole, disciplina e perseverança, criatividade e conexão. Todas essas habilidades são parte do conceito de Funções Executivas (FE), atribuições mentais de alta cognição que podem ser aprimoradas ao longo da vida, mas que têm um período sensível de desenvolvimento na criança e no adolescente (Diamond, 2013).

Diamond (2013) explica que as Funções Executivas são "processos cognitivos voluntários que envolvem um esforço mental para gerenciar e organizar o próprio comportamento como respostas ao ambiente." (Diamond, 2013). A autora as divide em três principais: controle inibitório (resistir a tentações cotidianas e focar no que é preciso), memória de trabalho (manter uma informação na mente e manipulá-la) e flexibilidade cognitiva (alternar com facilidade e rapidez as perspectivas ou o foco, ajustando-se com flexibilidade). Das habilidades necessárias as que Diamond (2013) se refere, todas estão de alguma forma conectadas com as Funções Executivas anteriormente descritas. No entanto, podemos encaixá-las para ficar mais claro o conceito com exemplos.

Autocontrole, disciplina e perseverança estariam relacionadas ao controle inibitório que, na sala de aula, na faculdade ou no ambiente de trabalho, refere-se a realização de tarefas mais desafiadoras e nem sempre agradáveis, como prestar atenção ignorando as possíveis distrações ou fazer escolhas e agir sem impulsividade.

Conexão e criatividade, por outro lado, estão mais próximas dos conceitos de memória de trabalho (relacionar as ideias, dar prioridade ao que precisa ser realizado) e de flexibilidade cognitiva (resolver problemas em sala de forma criativa, participar de discussões e debates, trabalhar em grupos e ter uma atitude reflexiva).

Enquanto adultos, já esquecemos o quanto foi difícil aprender. Dehaene (2020), um renomado pesquisador da área de neurociência educacional, afirma que o processo de aprendizagem da leitura e escrita é demorado e difícil, pois além de existir uma maturação biológica para que aconteça, outras demandas precisam ser supridas a priori para que o processo seja efetivo e significativo, como a aquisição de vocabulário, a consciência e a memória fonológica.

Então, o que colabora para o desenvolvimento das FEs? Diamond (2013) destaca que crianças e adolescentes precisam de suporte emocional e cognitivo, sensação de pertencimento, propostas e experiências que promovam a alegria, o orgulho e a autoconfiança. Além disso, a autora destaca que é importante que a criança "esteja em forma", ou seja, tenha uma alimentação balanceada, movimente o corpo e durma bem.

Assim, tanto Diamond (2013) como Dehaene (2020) afirmam que pais e escolas não devem focar somente no projeto acadêmico, fazendo-se necessário proporcionar situações de aprendizagem, um ambiente estimulante e experiências que possam treinar e desafiar as FEs em conjunto ao conhecimento e/ou para que busquem novos saberes. E o que significa treinar e desafiar essas habilidades? Segundo Diamond (2013), precisamos fortalecer nossas crianças para que entendam que "errar não é a pior coisa do mundo" e que a capacidade de enfrentar os imprevistos fazem parte do desenvolvimento e contribuem para o futuro de adultos mais seguros e preparados para lidar com as frustrações. Sendo assim, errar não é somente parte do processo; é essencial e acontecerá de forma natural e orgânica, com suporte e orientação de um adulto, tanto professores como familiares. Para isso, é preciso que esses deixem de lado as suas próprias decepções, projeções e medos.

As famílias desejam que seus filhos sejam felizes, mas há muitas dúvidas do que é preciso fazer durante o caminho para conquistar esse objetivo. Expectativas são criadas quanto ao futuro dos filhos e, por essa razão, acabam muitas vezes repetindo a educação recebida pelos próprios pais, ao invés de unirem experiências para restaurar uma outra trilha, com orientações talvez mais conscientes, consistentes e pautadas no novo indivíduo, afinal de contas as crianças de hoje são muito diferentes das crianças que fomos. O desejo de fazer o filho feliz é importante, mas não significa fazer isto a qualquer custo. É necessário pensar no que é bom, saudável e no que verdadeiramente agrega para ele. Sem dúvida que a grande quantidade de adultos fragilizados e com dificuldade nos relacionamentos e nas tomadas de decisões evidenciam os medos e muitas vezes paralisam famílias. Será que o mundo está exigindo demais das crianças ou será que nós, adultos, estamos passando a mão na cabeça das crianças? Um dos desafios da atualidade para os profissionais de educação é mostrar para as famílias a importância do processo, de valorizar e acompanhar cada fase que o filho passar. Falta a noção de equilíbrio entre o afeto e o limite. Ajude seus filhos. Quando você tira a responsabilidade que cabe a ele você está prejudicando o desenvolvimento emocional, social e cognitivo dele. Um bom pai e uma boa mãe exigem do filho aquilo que a idade dele é capaz. Muitas habilidades de superação, como compaixão, autorregulação, autoconfiança, o hábito do engajamento ativo e a motivação para aprender e se alfabetizar só podem ser aprendidas através do ato de brincar. O brincar promove todas as habilidades importantes para o sucesso da criança na escola e na vida. Adler (1927/1992) falou da importância do brincar. "O jogo nunca deve ser considerado meramente como uma maneira de passar o tempo. Com o objetivo de preparar-se para o futuro, toda criança tem nela algo do adulto que se tornará. Assim, na avaliação de um indivíduo, podemos chegar a conclusões mais precisas mais facilmente quando temos informações sobre sua infância."

Diariamente, diferentes situações cotidianas são vivenciadas e elaboradas pelas crianças através da brincadeira, de forma lúdica e natural. Através de problemas reais, elas aprendem a gerenciar as suas próprias emoções e a maneira como lidam com os problemas e frustrações. É assim que as crianças aprendem! A preparação para o futuro já foi iniciada em uma arena em que as habilidades são todas aprendidas de forma muito mais orgânica e autêntica. Ambiente este que promove e encoraja, um grande indicador do sucesso escolar, muito mais do que o conhecimento precoce sobre letras e números, por exemplo. A vida tem frustrações, espera, dificuldades e impedimentos. Se a criança não for ensinada e treinada a passar por isso, ela se tornará uma pessoa infeliz e fragilizada emocionalmente.

Todos esses dados mostram que o saber que deve ser valorizado é diferente do saber que valorizamos hoje. Isso não quer dizer abandonar a parte acadêmica, mas sim repensar a forma como os conteúdos são expostos para as crianças, repensar como sociedade o papel da escola e repensar como pais o que valorizamos como saber e em qual momento o fazemos. Reorganizar a consciência e a culpa.

Segundo o dicionário Michaelis (2014), valorizar significa dar importância, fazer sobressair, dar destaque e atribuir valor. De acordo com o mesmo dicionário, frustrar é um ato ou efeito de decepção, "estado ou condição de um indivíduo quando se vê impedido (por si mesmo ou por outra pessoa) de atingir a satisfação de uma necessidade de ordem pulsional". Agora que já sabemos que estamos priorizando o que não tem valor e impedindo nossas crianças de fazer pulsar aquilo que verdadeiramente são, a pergunta que fica é: como sensibilizar os adultos para viver o presente considerando as próprias frustrações e a das crianças como fonte de aprendizado para a vida tanto de hoje como do amanhã?

Que tal dar o primeiro passo aqui e agora? Adriana Fóz (2019) elaborou um questionário que pode ser encontrado no livro *Frustração*, mais precisamente na página 267, e ajudará você a começar a reflexão sobre suas atitudes perante a frustração das crianças ao seu redor.

QUIZ FRUSTRÔMETRO KIDS

Alfabetizando o seu filho para tolerar as frustrações da vida e aprender a superá-las.

A seguir estão algumas perguntas que ajudam a entender como VOCÊ pode ensinar o seu filho a tolerar as frustrações presentes no dia a dia. A intenção é que você avalie como reage perante certas situações e perceba o que pode mudar em suas atitudes para ajudar seu filho a encarar as situações que não ocorreram como o esperado e, ainda, enxergar oportunidades de aprendizagem nessas frustrações, para que ele cresça mais forte e saudável emocionalmente.

(Embora as questões estejam no gênero masculino, elas valem para todos os gêneros!).

1. **Seu filho ficou triste e chorou muito porque a seleção brasileira foi eliminada da Copa do Mundo. O que VOCÊ faz?**

A) Você fica triste e com raiva por seu filho estar triste e acaba xingando a seleção na frente dele.

B) Você leva o seu filho para tomar sorvete e tudo o mais que ele desejar, afinal ele ficou muito triste.

C) Você não diz nada porque, simplesmente, não sabe o que dizer.

D) Você o abraça, diz que entende sua tristeza e que, na vida, às vezes se ganha e às vezes se perde.

E) Não dá importância, porque considera isso tudo uma bobagem, afinal ele aprenderá que tem coisas mais importantes na vida.

2. **Seu filho está esperando muito por uma festa de aniversário, mas você não tem dinheiro para fazê-la. O que VOCÊ faz?**

A) Você se sente muito mal com a situação e promete mil coisas para ele quando tiver dinheiro, inclusive dar uma festa melhor que a de seus amigos.

B) Você distrai o seu filho ao máximo, pois essa situação vai passar logo.

C) Você se sente triste, fica paralisado sem saber o que dizer a ele.

D) Você conversa com ele, diz que entende que ele queria muito "aquela" festa, mas que infelizmente agora não dá por causa da atual condição financeira da família. Mas que ele pode escolher entre o programa X e o Y, que cabem no orçamento.

E) Você não diz nada, afinal, quando você era criança, teve poucas festas, ninguém te dava muitas explicações e você "sobreviveu".

3. **Seu filho tirou notas muito abaixo do esperado. O que VOCÊ faz?**

A) Você primeiro vai ao colégio falar com a coordenadora, porque é impossível que seu filho tão especial tenha tirado tais notas, e diz isso a seu filho.

B) Você entende que a escola errou a nota, afinal ele é bom aluno.

C) Você não diz nada a ele, mas fica preocupado pensando no que pode ter acontecido.

D) Você conversa com ele, tenta entender o que aconteceu e lhe diz que vai apoiá-lo para que ele supere os problemas.

E) Você fica muito P. da vida: tirar boas notas é obrigação dele, afinal ele não faz mais nada na vida.

4. **Seu filho estava brincando com um amiguinho, e ambos começaram a disputar um brinquedo. Seu filho perdeu a disputa e ficou muito triste. O que VOCÊ diz a seu filho?**

A) Diz para ele nunca mais brincar com aquela criança, afinal ela não sabe entender que seu filho é melhor sempre.

B) Você não liga muito, porque isso é bobagem de criança e daqui a pouco o mal-estar terá passado.

C) Você fica sem saber o que fazer.

D) Diz a ele que existem várias possibilidades, tais como cada um brincar um pouco, ou brincarem juntos.

E) Não dá importância, eles que se entendam.

5. **Alguns amigos da escola do seu filho foram convidados para uma festa de aniversário, mas seu filho, não. O que VOCÊ faz?**

A) Você fala direto com a mãe do amigo ou com a direção da escola. Fala que achou ridículo e absurdo o seu filho não ser convidado e exige medidas cabíveis.

B) Você vai à loja que seu filho adora e pede para ele escolher um presente.

C) Não diz nada, fica muito magoado por seu filho ter sido excluído e esperará por outra festa.

D) Conversa com seu filho, diz que infelizmente não temos poder nem responsabilidade pelas atitudes dos demais, mas que isso não quer dizer que ele não seja uma pessoa querida.

E) Diz a seu filho que essa situação é besteira. Além do mais, é um saco levar seu filho a aniversários.

RESULTADO

SE RESPONDEU A MAIORIA A

Você é uma pessoa que ama seu filho de maneira incondicional. Você o defende em qualquer que seja a situação. Entretanto, é fundamental que você entenda que nem sempre na vida temos tudo o que queremos e como queremos. E parece que você está passando esse seu jeito de lidar com as frustrações para o seu filho e lhe ensinando, mesmo que inconscientemente, a ser assim também. Criança que não aprende a lidar com suas emoções, invariavelmente sofrerá quando chegar à idade adulta.

Dica: Quando você tiver que dizer não a seu filho, lembre-se que isso não quer dizer que não o ama, e sim que quer que ele seja feliz e um adulto saudável emocionalmente. Dê mais autonomia para que ele tome suas próprias decisões. E, sempre que possível, releia este livro e tente visualizar quais competências você acha que devem ser aprimoradas em seu filho. Ajude-o a ser mais resiliente, mais perseverante, e assim por diante.

SE RESPONDEU A MAIORIA B

Você é uma pessoa que não gosta de discussões e acha seu filho o máximo. Por isso, acaba realizando todas as vontades dele, mesmo que não perceba isso tão claramente. Entretanto, é fundamental que entenda que você não poderá estar sempre ao lado dele. É importante que ele aprenda que na vida se ganha, mas também se perde. Ele pode ser, sim, o máximo, como você o vê, mas nem sempre somos assim pelo olhar do outro. Dizer "não" é importante.

Dica: Tente trabalhar em você e em seu filho as competências descritas neste livro. Entenda que todo ser humano tem suas fragilidades e que não podemos ter excelência em tudo. Percebendo isso, nos tornamos seres mais flexíveis e mais preparados para as quedas que a vida, por vezes, nos proporciona.

SE RESPONDEU A MAIORIA C

Você é uma pessoa reserva e que, muitas vezes, tem dificuldades em lidar com as próprias frustrações e emoções. Na maioria das situações, fica receoso sobre a forma como deve agir. E, sendo assim, fica difícil ensinar seu filho a lidar com as próprias frustrações, não é mesmo? Mas a boa notícia é que você está tentando modificar isso, afinal você está lendo este livro!

Dica: Releia as competências descritas neste livro. Tente analisar quais são as que você mais precisa trabalhar para que possa, assim, ajudar seu filho a aprender a tolerar as próprias frustrações. Dessa maneira, tanto você quanto seu filho irão experimentar novas formas de lidar com as situações difíceis do cotidiano.

SE RESPONDEU A MAIORIA D

Você está no caminho certo. Tem sido, na maioria das vezes, bastante assertivo em ensinar seu filho a lidar com as decepções e expectativas não concretizadas. Sabe lidar bem com suas emoções e consegue transmitir isso a ele. Parabéns!

Dica: Nunca se esqueça que, no nosso mundo contemporâneo, as crianças não vivem apenas sob a influência do ensinamento dos pais. Por mais que você seja assertivo em relação ao seu filho, não baixe a guarda. Observe como ele está lidando com as próprias frustrações e, sempre que necessário, verifique o que pode ser melhorado através do treino das competências descritas neste livro.

SE RESPONDEU A MAIORIA E

Você acredita que a forma como foi educado pelos seus pais é a correta. Crê que lidar com as emoções é bobagem. Provavelmente, usa com frequência a expressão "Na minha época, não era assim". E não era mesmo! Vivemos em uma época de mudanças rápidas e radicais. E é preciso se adaptar. E mais: ensinar seu filho a perceber e a manejar as emoções é fundamental para que ele seja bem-sucedido no dia de amanhã.

Dica: Procure flexibilizar seu pensamento, principalmente em relação ao seu filho. Crianças e adolescentes vivem no mundo atual, e não na época em que nós crescemos. As demandas são outras. Não é bobagem lidar melhor com as frustrações; isso faz com que sejamos mais felizes e saudáveis mentalmente, o que, com certeza, faz muita diferença no decorrer de nossa vida. "(Fóz ,2019)

CONSIDERAÇÕES FINAIS

Sentir-se frustrado é parte da vida e precisamos nos conscientizar que esse estado emocional será experienciado por crianças e adultos, afinal acontecerá independente de nós. Quando não estamos preparados para essa experiência, ela pode ser ainda mais difícil e resultar em problemas que carregaremos durante toda a vida; como impasses ao se relacionar, dificuldades para trabalhar em equipe, privações na vida social, entre outros.

No entanto, queremos nossos filhos, alunos e famílias, felizes e que tenham sempre tudo do melhor, não é mesmo? O problema é que não podemos garantir a satisfação do outro e, nem sempre, ter tudo de melhor resultará em um futuro pleno e bem-sucedido. Apesar de ser um sentimento que experienciamos com alguma frequência, nem sempre conseguimos adotar as melhores respostas para superar uma situação frustrante. O *quiz* acima, nos dá uma ideia de como, em grande parte, estamos nos enganando com relação ao que é melhor para aqueles que amamos.

Os tempos atuais não colaboram para essa reflexão, isso pois a busca pelo controle de situações e sentimentos, anda de mãos dadas com a frustração, a dificuldade em esperar, a falta de paciência com o outro e a irritação a troco de nada, alguns exemplos de atitudes que presenciamos e vivemos a todo tempo. A dica da Adriana Fóz (2019), ao final do *quiz*, parece ser o grande segredo, flexibilizar o pensamento, reavaliar as demandas e permitir as frustrações são atitudes de ouro para com os outros e também com nós mesmos.

REFERÊNCIAS

Adler, A. (1992). *Entendendo a natureza humana: a chave para o autoconhecimento* (C. Brett, Trad). Fawcett Publications. (Trabalho original publicado em 1927).

Cosenza, R. M., & Guerra, L. (2011). *Neurociência e educação: como o cérebro aprende*. Artmed.

Dehaene, S. (2020). *How we learn: the new science of education and the brain*. Allen Lane.

Diamond, A. (2013). Executive Functions. *Annual Review of Psychology*, *64*, 135-68. https://doi.org/10.1146/annurev-psych-113011-143750

Esperidião-Antonio, V. et al. (2008). Neurobiologia das emoções. *Archives of Clinical Psychiatry*, *35*(2), 55-65. https://doi.org/10.1590/S0101-60832008000200003

Fóz, Adriana. (2019). *Frustração: como treinar suas competências emocionais para enfrentar os desafios da vida pessoal e profissional*. Benvirá.

Howard-Jones, P. A. (2007). *Neuroscience and education: Issues and opportunities, A Commentary by the Teaching and Learning Research Programme*. TLRP/ESRC.

Lent, R., Mota, M. B., & Buchweitz, A. (2018). O desenvolvimento da mente humana. In R. Lent, M. B. Mota, & A. Buchweitz (Orgs.). *Ciência para educação: uma ponte entre dois mundos*. Atheneu.

Michaelis. (2014). Frustração. In *Moderno dicionário da língua portuguesa*. Melhoramentos.

Peterson, C., & Seligman, M. E. P. (2004). *Character strengths and virtues: a handbook and classification*. American Psychological Association/Oxford University Press.

Vygotsky, L. S. et al. (1988). *Linguagem, desenvolvimento e aprendizagem*. Ícone/ Edusp.

Wallon, H. (1991). The theories of Henri Wallon: from act to thought. *Human Development*, *34*(6), 363-379. https://www.jstor.org/stable/26767418

SOBRE AS ORGANIZADORAS

ADRIANA FÓZ

Mestre em Ciências pela Psiquiatria e Psicologia Médica (UNIFESP). Educadora, pela Faculdade de Educação da USP (FEUSP), pós-graduada em Psicologia da Educação (USP), especialista em Psicopedagogia e Neuropsicologia. Diretora da NeuroConecte. Pesquisadora em Neurociência Cognitiva e Educacional. Cofundadora do Projeto Cuca Legal – Prevenção e Promoção da Saúde Mental nas escolas (2007 a 2016) pelo Departamento de Psiquiatria (UNIFESP). Presta consultoria em educação e saúde da mente para instituições. Palestrante, inclusive do TEDx Plasticidade Emocional; Autora de vários livros dentre estes o Frustração- como treinar suas competências para enfrentar os desafios da vida pessoal e profissional (Ed. Benvirá) e coautora do livro Conversando sobre Saúde Mental e Emocional na Escola, e organizadora desta obra.

https://www.linkedin.com/in/adriana-fóz/.

KARINA OKAJIMA FUKUMITSU

Psicóloga (CRP 06/43624-6), psicopedagoga e Gestalt-terapeuta. Consultora em Saúde Existencial. Pós-doutora e Doutora em Psicologia pelo Instituto de Psicologia da Universidade de São Paulo (USP), mestre em Psicologia Clínica pela Michigan School of Professional Psychology (MIsPP). Coordena a Pós-Graduação em Suicidologia: Prevenção e Posvenção, Processos Autodestrutivos e Luto, da USCS e da Faculdade Phorte. Cocoordena a Pós-Graduação em Abordagem Clínica e Institucional em Gestalt-terapia e da Pós-graduação Morte e Psicologia – Promoção da Saúde e Clínica Ampliada da Unicsul.Produtora e apresentadora do podcast "Se tem vida, tem jeito". Palestrante e autora de diversos livros e artigos sobre prevenção dos processos autodestrutivos, posvenção, luto por suicídio, saúde existencial, acolhimento da vida e Gestalt-terapia. Presidente da Associação Se tem vida, tem jeito https://www.astvtj.com/

http://linktr.ee/karinafukumitsu

SOBRE A AUTORA DO PREFÁCIO

CLEISLA GARCIA

Formada em Jornalismo pela Universidade Federal de Goiás, começou sua carreira na redação do jornal Diário da Manhã, em Goiânia. Trabalhou por doze anos na TV Anhanguera, afiliada da Rede Globo em Goiânia. Atualmente, Cleisla trabalha no Núcleo de Reportagens Especiais do Jornal da Record. Entre suas conquistas profissionais está o Prêmio Vladimir Herzog de 2007 pela série "Guerreiras do Brasil", que mostra a trajetória de mulheres que dedicam a vida à luta pela cidadania e direitos humanos. A jornalista também é autora de dois livros. Um infantil, "A Maria Fedida queria ser Joaninha" e "Sobre Viver", lançado pela editora Benvirá/Saraiva.

SOBRE AS AUTORAS E SOBRE SUPERAÇÃO DE SUAS FRUSTRAÇÕES

ANA PAULA VARELLA FERREIRA

clinica.anapaula@gmail.com

Psicóloga e psicoterapeuta cognitivo-comportamental especialista em Saúde Mental. Docente do curso de acompanhamento terapêutico e colaboradora do Programa Ansiedade - AMBAN - IPq - HC - FMUSP.

Apaixonada pelo seu jardim e seus gatos, e durante a pandemia, aspirante a pianista!

Sobre superação de sua frustração:

Ainda no 2o ano do Ensino Médio, ingressei na faculdade de Hotelaria. Por conta disso, ao chegar na época dos vestibulares, eu era a única a estar despreocupada já que havia reservado a vaga. Na época da efetivação da inscrição, mudei completamente de ideia e, assim, me vi sem nenhuma perspectiva, inserida no dilema de cursar o que não queria (apenas uma forma de evitar a frustração) ou estudar outros 6 meses enquanto decidia o curso superior que desejava fazer. Ver meus colegas ingressando em seus cursos, enquanto eu ia para o cursinho, me trazia enorme frustração - sentia-me não pertencente, fracassada, atrasada. Por fim, decidi-me pela Psicologia, o que hoje vejo que foi a melhor decisão a tomar. Santa frustração! Se a tivesse rejeitado, hoje talvez não poderia estar exercendo a profissão que tanto amo.

DENISE MINEIRO

dm@denisemineiro.com

Atua há 20 anos em Psicopedagogia e Transtornos do Desenvolvimento, oferecendo assessoria pedagógica, atendimento psicopedagógico e consultoria educacional. Com metodologia exclusiva, conectada as novas tecnologias possuí 45 anos de experiência na área da educação. Graduada em Pedagogia, Supervisão Escolar e especialização em leitura e escrita pela PUCSP.

Adora ajudar pessoas a descobrirem seus propósitos de vida. Seu equilíbrio é escutar um bom samba de raiz e praticar Mindfulness. Fascinada por viagens e conhecer lugares novos. É feliz com amigos e família.

Sobre superação de sua frustração:

Enfrentei uma frustração ao saber que meu filho primogênito era portador de TDAH e sofria de ansiedade. A hipótese do diagnóstico ocorreu há 35 anos atrás, imagina! Com poucas contribuições da neurociência, me sentia frustrada e impotente, pois não era a pessoa indicada para estimulá-lo e auxiliar a superar os desafios. Precisei pedir ajuda de outros profissionais, e a partir deste fato me especializei em psicopedagogia e montei consultório para cumprir minha missão.

ÉRIKA SCARPARO ABREU

erikaa.scarparo@gmail.com

Graduada em Administração de Empresas e Pedagogia pela Pontifícia Universidade Católica de São Paulo. Atuação há mais de 20 anos em educação infantil. Experiência inclui estudos em primeira infância, psicologia positiva, educação positiva e comunicação não-violenta. Ama fazer atividades ao ar livre e viajar com a família.

Sobre superação de sua frustração:

Frustrações diárias dentro da escola para mostrar para os pais a forma como a criança aprende, a necessidade de sempre ter que tornar visível o processo, a valorização do cotidiano das crianças e como os conflitos e frustrações são saudáveis e fazem parte.

FLORIANA BERTINI

floriana.abreu@gmail.com

Médica cardiologista pela Sociedade Brasileira de Cardiologia, ergometrista do Felury Medicina e Saúde e do Hospital Israelita Albert Einstein, São Paulo, pós-graduada em coaching em saúde e bem-estar. Palestrante, idealizadora do projeto #asfloresnocaminho e autora dos livros "Qualquerum e os processos de mudança" (Ed Loyola, 2020), "Qualquerum em tempos de coronavirus" (Ás Editorial, 2021) e "Qualquerum e a semente da esperança"(Ás Editorial, 2021). Fotógrafa amadora de natureza, poetisa de alma inquieta nas horas vagas (que são poucas), agora na fase de perder a vergonha de desenhar com as próprias mãos.

Sobre superação de sua frustração:

Lembro como se fosse hoje do meu primeiro ditado em português. Eu tinha onze anos de vida e alguns dias de Brasil. Nasci e fui alfabetizada na Itália. Como era de se esperar, o primeiro ditado foi catastrófico! Naquele dia, voltei para casa a pé, correndo e chorando por dentro e por fora. Sentia raiva e tristeza. Não reconhecia a mim mesma. Fiz daquela dor a alavanca para impulsionar o meu processo de adaptação ao novo idioma. Diante da dificuldade, surgiu o movimento para sair do desconforto, com menos cobranças e mais amorosidade. Hoje tenho orgulho em dizer que raramente as pessoas me perguntam se eu não sou daqui.

KAREN MORAIS SILVA

karen.psi@hotmail.com

Psicóloga especialista em Terapia Comportamental (USP-SP), possui aprimoramento em orientação parental, treinamentos em Psicoterapia Analítico Funcional (FAP) e Terapia de Aceitação e Compromisso (ACT) é facilitadora do programa de qualidade na interação familiar. Atende em consultório há mais de uma década, auxiliando crianças, adultos e adolescentes.

É mãe de uma linda e esperta menina de 4 anos. Gosta de brindar a vida com bons vinhos na companhia dos familiares e amigos queridos. Se inspira conhecendo novas culturas e estilos de vida pelo mundo.

Sobre superação de sua frustração:

Lembro-me de uma situação específica onde no início da minha trajetória profissional ministrei um treinamento para professores sobre relacionamento com os alunos. Na época as expectativas do sucesso do treinamento e o desejo de fazer um trabalho significativo com profissionais experientes na educação, se chocou com um resultado menos positivo do que o esperado e no final experimentei o gosto amargo da frustração.

Na época, a frustração me trazia pensamentos de paralização e desistência. Como eu queria mais da vida, me concentrei mais, estudei mais e me expus em outros contextos e em novos treinamentos mesmo me sentindo insegura e fui adquirindo mais habilidade para lidar com grupos. E hoje tenho certeza que a frustração vivida naquele contexto me trouxe grandes aprendizados.

LISANDRA TAMIRES MENDONÇA

lisandratamiresm@gmail.com

Mestranda no Programa de Pós-Graduação em Educação - Mestrado Profissional em Educação Básica (PPEd). Graduada em Pedagogia e em Letras habilitação em Espanhol (segunda licenciatura) pela Universidade Estadual do Norte do Paraná (UENP/Jacarezinho). Especialista em Alfabetização e Letramento. Professora da Educação Básica Infantil na Rede Pública.

Amante de gatos, livros e caminhadas ao ar livre.

Sobre superação de sua frustração:

No final do curso de Pedagogia, resolvi fazer um processo seletivo para tentar uma vaga no Mestrado. Com a ajuda de uma professora e da minha irmã, elaborei um pré-projeto. Porém não consegui a vaga. Continuei tentando e me preparando cada vez mais durante 7 anos, mas sem sucesso. Por um tempo desanimei, mas com fé e apoio da minha família continuei tentando. Graças a Deus consegui uma vaga para a turma de 2020, hoje minha qualificação está agendada, ainda falta aprender muita coisa. Agradeço a minha orientadora Profa. Dra. Roberta Ekuni por cada oportunidade e a Deus, que em sua infinita sabedoria, preparou o momento e as pessoas certas para fazerem parte dessa fase da minha vida.

MAÍRA BRITTO NAMURA

mairabnamura@gmail.com

Pedagoga pela Universidade de São Paulo, especialista em Neurociência na escola pelo Instituto Singularidades e professora de Educação Infantil há 14 anos. Investigadora e pesquisadora sobre educação e primeira infância, com certificação internacional sobre observação de crianças de 0 a 6 anos em espaços escolares, além de outros cursos sobre o desenvolvimento infantil.

Lê romances e gosta de conversar sobre história do mundo.

Sobre superação de sua frustração:

Já me frustrei e me frusto quando não consigo demonstrar para as famílias a importância da conexão e do processo com as crianças pequenas.

MARINA LEMOS SILVEIRA FREITAS

marinalemossilveirafreitas@gmail.com

Especialista em Logoterapia e Análise Existencial de Viktor Frankl, aplicada à educação; Pediatra, Doutora em Medicina. Instituto de Educação e Cultura Viktor Frankl (IECVF) – Ribeirão Preto – SP.

Gosta de fazer crochet. Recentemente descobriu o dom de padeira que tem aperfeiçoado desde o início da pandemia, na produção de pães caseiros com fermento natural.

Sobre superação de sua frustração:

Na minha infância e adolescência fui frustrada por não conseguir participar das aulas de educação física. Porém com o passar do tempo superei essa falha quando aprendi a jogar xadrez, inclusive cheguei a ganhar várias medalhas.

MIRIAM RODRIGUES

miriam@miriamrodrigues.psc.br

Psicóloga, especialista em Psicologia Clínica e Medicina Comportamental pela UNIFESP. Idealizadora da Educação Emocional Positiva, programa psicoeducacional de competências socioemocionais e habilidades para o bem estar, presente em todos os estados brasileiros. Autora e coautora de mais de 20 livros nas temáticas de Psicologia Positiva, Educação Emocional e Terapia Cognitiva.

Mãe de Valentina e Adrian, encontra na família seu porto seguro e uma fonte inesgotável de emoções positivas. Ama a combinação da leitura de um bom livro na praia.

Sobre superação de sua frustração:

Durante alguns dias me dediquei bastante e preparei com cuidado uma apresentação de cerca de 15 vídeos para uma aula de emoções positivas. Porém ao chegar na escola, me senti muito frustrada ao constatar que não poderia utilizar minha apresentação pois estava sem luz naquele momento. Então, para conseguir dar a aula sobre emoções positivas, decidi realizar um teatro. Escrevi no papel os diferentes tipos de emoções positivas (admiração, apreciação, orgulho, esperança, gratidão, interesse, diversão, alegria, serenidade, inspiração e amor). Dividi a sala em grupos e distribuí através de sorteio os tipos de emoções, e pedi para que eles fizessem uma dramatização que representasse o que eles tinham entendido sobre a emoção sorteada. O trabalho ficou lindo e aproveitei para filmar os alunos em ação, que resultou em 11 vídeos extremamente emocionantes e criativos.

NANCY RABELLO *(IN MEMORIAM)*

Pedagoga pela PUC, Psicopedagoga pelo Instituto Sedes Sapientiae. Mestre em Arte, Educação e História da Cultura pelo Mackenzie e Arteterapeuta pela Faculdade Mozarteum S. P. Pós-graduanda em Neurociência da Educação e Reabilitação Cognitiva pelo Instituto Límbios. Escreveu: O Desenho Infantil – Entenda Como a Criança se Comunica por Meio de Traços e Cores e O Desenho do Idoso – As Marcas e os Símbolos que o Tempo Traz. E-book O Desenho: símbolos e significados em parceria com o Espaço Aprender

Trabalha como voluntária com grupos de senhoras que ajudou na prática de minha formação em Arteterapia. Também fiz trabalho voluntariado com mães de crianças com síndromes, ou paralisia, para desenvolver autoestima e autoconhecimento. Já fiz telas com tinta acrílica.

Sobre superação de sua frustração:

Quando era jovem minha mãe colocou eu e minha irmã um pouco mais nova que eu, para fazermos a Cultura Inglesa. Entramos no mesmo ano mas em salas diferentes, eu me esforcei muito para falar corretamente, assim como, para fazer as atividades propostas, Não faltava as aulas, Minha irmã, ia super bem, para ela era bem tranquilo as atividades e parte de comunicação,

E no fim do ano, tinha um teste para passar para o outro nível, por mais que tenha estudado, tentei fazer todas as questões, porém não passei de turma e minha irmã passou para um novo nível com uma " nota ótima"... fiquei muito triste pois tinha dado o meu melhor, queria parar, mas minha mãe falou que era para continuar, e de novo muito esforço, muita vontade de passar de turma, chegou o fim do ano minha irmã que era menor que eu passou, novamente e eu novamente não consegui sair do primeiro grupo, chorei muito, me sentia frustrada, pois eu não conseguia. Minha irmã se formou fazendo todas as etapas tranquilamente, e eu até hoje não sei falar inglês. Aceitei, resiliente, pois sabemos que nem tudo o que queremos, será possível no momento em que queremos.

ROSANA ZANELLA

r.zanella@uol.com.br

Psicóloga, mestre em Psicologia da Saúde, especialista em psicologia clínica pelo CFP e em Gestalt terapia. Coordenadora do curso "A clínica gestáltica infantojuvenil", é autora e organizadora de livros sobre Gestalt com crianças e adolescentes. Coordena, em parceria, o curso de especialização em Gestalt na Universidade Cruzeiro do Sul (Unicsul). Professora no Centro Universitário FMU e no Instituto Sedes Sapientiae.

Ama viajar e é louca por café. Gosto de olhar estrelas, os planetas e soltar a imaginação. E ama muito sua shitzu Mell.

Sobre superação de sua frustração:

Na escola lembro que os melhores alunos ganhavam medalhas como em Olimpíadas. Cheguei a ganhar medalha de prata. Claro, queria ouro, mas acabei ficando contente com a medalha de prata. Logo depois o colégio acabou com essa história de medalhas e todo mundo ficou mais feliz.

ROBERTA EKUNI

robertaekuni@gmail.com

Professora Adjunta na Universidade Estadual do Norte do Paraná, docente do Programa de Mestrado em Educação (PPEd). Graduada em Psicologia pela Universidade Estadual de Maringá; Mestre em Ciências e Doutora em Ciências pela Universidade Federal de São Paulo com período sanduíche no Memory Lab na Washington University in St. Louis. Editora da coleção "Caçadores de Neuromitos". Coordena o " Grupo de Estudos em Neurociência" na UENP com várias ações de divulgação científica. Mãe do Luke.

Apaixonada pelo seu filho Luke, pela sua filhota canina Mel, e pela sua família. Ama suas plantinhas, especialmente as suculentas e adora coisinhas fofas de papelaria.

Sobre superação de sua frustração:

No meio acadêmico, uma grande frustação é em relação ao não aceite de um artigo submetido. Para escrever, investimos tempo, esforço e muitas vezes dinheiro (para revisão, etc). Quando submetemos, estamos sujeitos a críticas e receber o parecer que o artigo foi rejeitado, ou receber críticas para melhorar o trabalho é de praxe. Para lidar com essa frustação, temos que pensar que sempre podemos melhorar. Caso não dê certo com uma, melhoramos e enviamos para outra e assim por diante. Não devemos desistir.

Construindo ideias
e conectando mentes

Este livro foi composto com tipografia ITC Berkeley Oldstyle Std
e impresso em Papel offset 75gr. em março de 2023.